Hugo's Simplified System

Swedish
in Three Months

Peter Graves
Gunilla Blom

Hugo's Language Books

This new and enlarged edition published in Great
Britain in 1998 by Hugo's Language Books,
an imprint of Dorling Kindersley Limited,
9 Henrietta Street, London WC2E 8PS

Visit us on the World Wide Web at http://www.dk.com

Copyright 1998 © Dorling Kindersley Ltd

A CIP catalogue record is available from the British Library.

ISBN 0 85285 347 5

'Swedish in Three Months' is also available in
a pack with four cassettes, ISBN 0 85285 348 3

Written by

Peter Graves MA, DipEd
Head of the Department of Scandinavian Studies
University of Edinburgh

and

Gunilla Blom fil.mag.
Swedish Lektor in the Department of Scandinavian Studies
University of Edinburgh

Set in 10/12pt Palatino by
Alastair Wardle
Reproduced, printed and bound in Italy by
L.E.G.O., Vicenza

Preface

This new edition of the Hugo course 'Swedish in Three Months' is designed for those people who want to acquire a good working knowledge of Swedish in a short time, and who will probably be working at home without a teacher. The 'Three Months' series as a whole is renowned for its success in self-tuition, but the books are equally useful as sources of reference if you happen to be attending language classes.

The authors have many years of experience of teaching Swedish both at school and university level and also in evening classes. They have used this experience to draw attention to areas of grammar that cause particular difficulty for English-speaking learners of Swedish. The language used throughout the book is modern and colloquial but, for the most part, avoids excessively slangy idioms: the consistent aim is acceptability.

'Swedish in Three Months' begins with an explanation of the sounds of the language as far as this is possible in print. If you have no teacher you will find that the system of imitated pronunciation used in the early lessons will be a great help. We would, however, advise you to use the related audio cassettes if at all possible; these have been produced as optional extras but using them will undoubtedly enhance both the quality and the pleasure of your learning. Ask the bookshop for Hugo's Swedish 'Three Months' Cassette Course.

Ideally you should spend about an hour a day on the course and it is probably better to spend a little less than an hour rather than more. (Many people find that two half-hour sessions are much more efficient and often easier to organize in the course of the day.) It is much better to learn a little at a time, and to learn that thoroughly. And don't forget to use the 'wasted' five minutes at the bus stop or in the traffic jam: you don't need the book with you in order to hold imaginary conversations in Swedish or to simply name the things that you can see. Do not be afraid to work aloud: all the Swedish passages, examples and vocabulary should be repeated aloud as often as possible (but probably not at the bus stop).

Each chapter introduces, explains and practises a number of elements of grammar. Many examples are given and you should study these carefully: learn the vocabulary they contain as you go along, since the exercises that follow will expect you to know it. Study each rule or numbered section carefully and reread it to ensure that you have fully understood the grammar and the examples given. Once you have understood the grammar, memorize a number of the examples so that you have a pattern stuck firmly in your mind. The complete vocabulary for each chapter is given at the end of the chapter and you should test yourself on it before you continue. Do all the exercises (the answers are at the back of the book), and then do them again a few days later. Are you making the same mistakes or different ones?

At the end of the course there are a couple of reading passages in good modern Swedish and, following them, a Swedish–English and English–Swedish mini-dictionary of all the vocabulary in the book. By the end of the course you will have a good understanding of Swedish and a sound knowledge of all the main grammatical structures. You now have a basis for further studies, whether for holiday, business or examination purposes. We hope you enjoy 'Swedish in Three Months' and wish you success in your learning.

Picture Credits
Jacket: all special photography Steve Gorton except ROBERT HARDING PICTURE LIBRARY: Hart top left; Paolo Koch centre, bottom left; Christopher Rennie centre left below, back; IMPACT: Julian Calder centre above; Ray Roberts top right, spine bottom; MICHAEL JENNER: bottom right; NEIL SETCHFIELD: centre below; THE STOCKMARKET: centre left, spine top.

Contents

Pronunciation

The alphabet

The Swedish alphabet has 29 letters. The order of the letters is the same as in English, and the three extra letters (**å, ä, ö**) appear at the end in that order. The letters **w** and **q** are rare except in names, and words beginning with **w** are included under **v** in dictionaries.

The Swedish consonants are: **b c d f g h j k l m n p q r s t v w x z**. The Swedish vowels are: (back vowels) **a o u å**; (front vowels) **e i y ä ö**.

The Imitated Pronunciation

In the first three lessons of this course we have given Imitated Pronunciation of the new words as they arise. In the Imitated Pronunciation each syllable of the Swedish word has, as far as is possible, been written as if it were part of an English word. The system is explained below. By following the Imitated Pronunciation you will be accurate enough to make yourself understood. For a more natural pronunciation, however, we recommend that you listen repeatedly to the cassette recordings that are available to accompany the book. And more than just listen: you should pronounce all the words and phrases aloud, carefully imitating the cassette, as often as you have the chance.

Stress

All syllables are either stressed or unstressed; in the Imitated Pronunciation we indicate stressed syllables by the use of **bold** type. The sounds in unstressed syllables are still pronounced clearly – unlike in English, where there is a tendency for unstressed syllables to become indistinct or even disappear. In the Imitated Pronunciation final **-e** has been written **-eh** to remind you to pronounce it. The main stress in Swedish words is generally on the first syllable: **gat**a 'street'; **gamm**al 'old'; **syst**er 'sister'. Words borrowed from other languages (especially from French and Latin) will, however, often have the stress on the final syllable: stud**ent** 'student'; universi**tet** 'university'.

Words with the prefixes **be-**, **ge-**, and **för-** usually have their stress on the second syllable: be**tyd**a 'to mean' ge**men**sam 'common', för**klar**a 'to explain'.

Length

Vowels: Swedish vowels are either long or short. The spelling is a good but not infallible guide to length.

Vowels in unstressed syllables are always short.

The vowel in a stressed syllable will be long if (i) it comes at the end of a one-syllable word: **tre** 'three', **gå** 'walk'; or (ii) it is followed by only one consonant: **bil** 'car', **båt** 'boat'. Notice, however, that the vowel is short in many common words ending in single **-m** or **-n: rum** 'room', **hon** 'she'.

Swedish long vowels are very much longer than English long vowels and Swedish short vowels are quite short. Listen carefully to the cassette. In English many long vowels are pronounced as diphthongs even where, as in 'my' or 'lo', they are written as single vowels. Try to avoid this in Swedish, as standard Swedish vowels are pure vowels.

Consonants: Swedish consonants may also be long or short and in this case length is indicated by doubling. Such double consonants should be 'lingered on' in pronunciation: **flicka** 'girl', **kvinna** 'woman'. (Notice that **ck** is always written rather than double **k**.)

Melody or tone

The characteristic melody or tone of Swedish that you have probably already heard arises from the fact that there are two word melodies (in most dialects) compared with the single word melody used in English. This is often illustrated as follows:

ENGLISH finger ⌐⟍   SWEDISH **finger** ⌐⟍

ENGLISH brother ⟍   SWEDISH **broder** ⟍⟍

Swedish **broder** along with many other words, then, has a secondary stress. These 'melodies' can only be learnt by imitation and we have made no attempt to reproduce them in the Imitated Pronunciation. The cassette will help you here.

Pronunciation of vowels

The equivalents given can, of course, be no more than approximate.

Vowel			Imitated Pronunciation
a	(long)	**dag** 'day' as 'a' in English 'father'	ah
	(short)	**hatt** 'hat' as 'a' in northern English 'hat'	a
å	(long)	**båt** 'boat' as 'aw' in English 'saw'	aw
	(short)	**fått** 'got' as 'o' in English 'got'	o
o	(long)	**bok** 'book' as 'oo' in English 'moon' but with rounded and protruding lips	oo:

| | (short) | moster 'aunt' as 'oo' in English 'book' | oo |

| u | (long) | du 'you' almost as 'u' in English 'flute' but with very rounded and protruding lips | ue |
| | (short) | buss 'bus' as 'u' in English 'full' but with slightly rounded and protruding lips | u |

| e | (long) | tre 'three' as 'ay' in northern English 'say' | ay |
| | (short) | svensk 'Swedish' as 'e' in English 'best' | e |

| ä | (long) | äta 'eat' as 'ai' in English 'lair' | ai |
| | (short) | bäst 'best' as 'e' in English 'best' | e |

| i | (long) | bil 'car' as 'ee' in English 'bee' | ee |
| | (short) | sitta 'sit' as 'i' in English 'sit' | i |

| y | (long) | ny 'new' as 'u' in French 'mur' or 'ü' in German 'Tür'. There is no English equivalent but try to pronounce 'ee' with very rounded and protruding lips. | ü: |
| y | (short) | syster 'sister' as 'u' in French 'lune' or 'ü' in German 'dünn'. A short version of the above. | ü |

| ö | (long) | snö 'snow' as a lengthened 'ur' in English 'fur', but do not pronounce the 'r' | ur: |
| | (short) | höst 'autumn' as a shortened 'ur' in English 'fur' but do not pronounce the 'r' | ur |

In many common words the å sound is spelled with o: **son** (ssawn) 'son'. There is unfortunately no way of knowing that it is pronounced differently from the **o** in **bok** (boo:k) except by knowing the word.

Pronunciation of consonants

The consonants **b d f h m n p t v** are pronounced essentially as in English, though the tip of the tongue is just behind the teeth for Swedish **d n** and **t** (**dag** 'day'; **ny** 'new'; **äta** 'eat'). The rarer **q** sounds like English 'k', and **w** like English 'v'.

Consonant		Imitated Pronunciation
s	se 'see' is always like 'ss' in English 'hiss'. Never use the 's' of English 'those'.	s or ss
c	centrum 'centre' is like the 'ss' in English 'hiss' (except in a few borrowed words such as camping, where it has the sound of English 'k').	s or ss
z	zon 'zone' is like the 'ss' in English 'hiss'	ss
x	exempel 'exemple' is like the 'x' in English 'excite'	kss
j	ja 'yes' is like the 'y' in English 'yes'	y
l	läsa 'read' is like 'l' in English 'lip' pronounced with the tip of the tongue at the back of the teeth. Avoid the l of English 'all'.	l
r	rum 'room' is trilled as in the Scottish 'Rory'	r
rs	Lars: the combination is like 'rsh' in English 'harsh'. This occurs even when the r and s are in different words: var snäll 'please'.	rsh

rd, rl, bord 'table', Karl, bort 'away', barn 'child':
rt, rn in these combinations the 'r' is not trilled.
The combined sounds are rather similar to the
West-country English pronunciation of 'bard',
'furl', 'heart' and 'barn'.

rg, lg	arg 'angry', älg 'elk': the 'g' in these combinations is pronounced similarly to English 'rry' in 'sherry' and 'lly' in 'silly'	rry lly
ng	många 'many' is pronounced like English 'ng' in 'singer' but not as in 'finger'	ng
gn	regna 'rain' is pronounced as 'ng-n' (rengna)	ngn

11

Pronunciation of 'g', 'k' and 'sk'

These consonants change their quality when they are followed by front vowels. In most circumstances:

g   **gata** 'street' is like 'g' in English 'gate'
k   **katt** 'cat' is like 'k' in English 'Kate'
sk   **sko** 'shoe' is like 'sk' in English 'skip'

When followed by a front vowel (**e i y ä ö**) in a stressed syllable, however, these vowels become 'soft':

		Imitated Pronunciation
g	**Göran** is like 'y' in English 'young'	y
k	**kär** 'dear' is like 'ch' in German 'ich'.The English 'ch' in 'church' will be understood but listen carefully to the cassette.	ch
sk	**skida** 'ski' is similar to 'sh' in English 'shirt' if you pronounce it with rounded lips. Many people pronounce it like 'wh' in English 'whew!' the cassette will help you.	sh

There are a number of spellings of these soft sounds.

g as in **Göran** may also be written with the symbols:
    j as in **ja** 'yes'
    dj as in **djur** 'animal' (silent 'd')
    gj as in **gjorde** 'did' (silent 'g')
    hj as in **hjärta** 'heart' (silent 'h')
    lj as in **ljus** 'light' (silent 'l')

k as in **kär** may also be written with the symbols:
    tj as in **tjugo** 'twenty'
    kj as in **kjol** 'skirt'

sk as in **skida** may also be written with the symbols:
    sj as in **sju** 'seven'
    skj as in **skjorta** 'shirt'
    stj as in **stjärna** 'star'
    ti (in **-tion**) as in **station** 'station'

Chapter 1

In this first chapter you will meet some of the basic building blocks of Swedish and learn to make simple statements and questions. The chapter includes:
- the indefinite and definite articles ('a/an' and 'the')
- nouns – names for people and things
- the subject pronouns ('I', 'you', etc.)
- two important verbs – 'to have' and 'to be'
- the numbers from zero to ten
- some everyday expressions.

1 Indefinite article

The indefinite article ('a', 'an') is either **en** or **ett** depending on the gender of the noun to which it refers:

en bil	a car	**ett barn**	a child
en hund	a dog	**ett hus**	a house

IMITATED PRONUNCIATION: ayn beel; ayn hund; ett bahrn; ett huess

2 Nouns

All Swedish nouns are either **En**-nouns or **Ett**-nouns (sometimes known respectively as common gender and neuter gender).

En-nouns		Ett-nouns	
kvinna	woman	**hus**	house
gata	street	**rum**	room
månad	month	**barn**	child
bil	car	**problem**	problem

About three-quarters of all nouns are **En-**nouns. Although there are many guidelines for predicting gender, the gender is best learned along with the word.

Most nouns denoting human beings and animals are **En-**nouns:

flicka	girl
man	man
hund	dog
katt	cat

(Exceptions: **ett barn** 'a child', **ett lejon** 'a lion')

Most nouns denoting days, months, seasons and festivals are **En-**nouns:

måndag	Monday
höst	autumn
jul	Christmas
januari	January

Most nouns that end in **-ad, -are, -dom, -else, -het, -ing, -ion, -ism, -lek** are **En-**nouns:

lärare	teacher
sjukdom	illness
rörelse	movement
svaghet	weakness
station	station

Most nouns that end in **-ek, -em, -iv, -um** are **Ett-**nouns:

apotek	pharmacy
system	system
motiv	motive
museum	museum

Names of towns, provinces, countries and continents are **Ett-**nouns:

Stockholm	Stockholm (Swedish capital)
Småland	Småland (Swedish province)
Sverige	Sweden
Europa	Europe

IMITATED PRONUNCIATION: **kvinn**a; **gaht**a; **mawn**ad; rum; prob**laym**; **flick**a; man; katt; **leyon**; **mond**ah; hurst; yuel; yanu**ahri**; **lairareh**; **shuek**doom; rur:relsseh; **svahg**-hayt; stashoo:n; apo**tayk**; süs**taym**; mo**teev**; mues**sayum**; **stock**holm; **smaw**land; **svery**-eh, eh-uer**oo:pa**.

3 Definite article in the singular

The definite article ('the') is added to the end of the noun. It will be referred to as the end article.
The singular definite article for **En**-nouns is **-en**.
The singular definite article for **Ett**-nouns is **-et**.

bil	car	**bilen**	the car
höst	autumn	**hösten**	the autumn
sjukdom	illness	**sjukdomen**	the illness
barn	child	**barnet**	the child
hus	house	**huset**	the house
bord	table	**bordet**	the table

Nouns that end in a vowel only add the **-n** or the **-t** of the singular definite article:

en kvinna	a woman	**kvinnan**	the woman
ett hjärta	a heart	**hjärtat**	the heart

En-nouns that end in **-el** or **-er** only add **-n** for the end article:

en nyckel	a key	**nyckeln**	the key
en dotter	a daughter	**dottern**	the daughter

Nouns of both genders ending in **-en,** and **Ett**-nouns ending in **-el** or **-er,** drop the **-e-** before adding the end article:

en öken	a desert	**öknen**	the desert
ett fönster	a window	**fönstret**	the window
ett exempel	an example	**exemplet**	the example

IMITATED PRONUNCIATION: **beel**en; **hurst**en; **shuek**doomen; **bahr**net; **huess**et; boord, **boord**et; **kvinn**an; ett **yairt**a, **yairt**at; en **nückel**, **nückel**n; en **dotter**, **dottern**; en ur:ken, ur:knen; ett **furn**ster, **furn**stret; ett **ekssempel**, **ekssemplet**.

15

Exercise 1

A Using the examples and guidelines above, give the correct indefinite article for each of the following nouns.

B Then add the end article to each noun instead.

1 **barn** (child)

2 **sjukdom** (illness)

3 **fisk** (fish)

4 **nation** (nation)

5 **problem** (problem)

6 **bibliotek** (library)

7 **fågel** (bird)

8 **hus** (house)

9 **hjärta** (heart)

10 **sommar** (summer)

11 **påsk** (Easter)

12 **faktum** (fact)

IMITATED PRONUNCIATION: fisk; natsh**oo:n**; biblio**tayk**; **fawg**el; **somm**ar; posk; **fakt**um.

Exercise 2

Give the Swedish for:

1	the woman	7	Sweden
2	a pharmacy	8	a street
3	the month	9	the car
4	Christmas	10	a room
5	the station	11	a museum
6	the girl	12	the teacher

4 Subject pronouns

singular		*plural*	
jag	I	**vi**	we
du	you	**ni**	you
han	he	**de**	they
hon	she		
den	it (referring to an **En**-noun)		
det	it (referring to an **Ett**-noun)		
man	one		

IMITATED PRONUNCIATION: yah(g); due; han; hoon; den; de; man; vee; nee; dom.

De is pronounced 'dom' in almost all situations.

The form **ni** may be used as a formal 'you' singular.
This went out of fashion except among older people during the 1960s and 1970s but has now become more common again. It is the norm in business and formal correspondence.

The general pronoun **man** is used much more frequently than the English 'one', and without its class overtones.
It covers, for example, the situations where English might use a general 'you', 'they', 'we' or 'people'.

5 Two verbs: 'ha' (to have) and 'vara' (to be)

The infinitive (the basic form) of the majority of verbs ends in **-a:**

ha	to have	**tala**	to speak, talk
vara	to be	**arbeta**	to work

(In English the infinitive is often preceded by 'to' – the so-called infinitive marker. When an infinitive marker is necessary in Swedish, **att** is used.)

Swedish verbs have only one form for each tense. The present tense of the common irregular verbs **ha** and **vara** is as follows:

	ha			**vara**	
jag	har	I have	jag	är	I am
du	har	you have	du	är	you are
han	har	he has	han	är	he is
hon	har	she has	hon	är	she is
den	har	it has	den	är	it is
det	har	it has	det	är	it is
vi	har	we have	vi	är	we are
ni	har	you have	ni	är	you are
de	har	they have	de	är	they are

Vocabulary

Make a habit of learning all new words and their meanings as they appear in the text and examples. Other words you will need to learn for the exercises are given throughout the chapters in short lists like this.

gammal	old	**ful**	ugly
ny	new	**här**	here
vacker	beautiful	**och**	and
ung	young		

IMITATED PRONUNCIATION: (5) hah; **vah**ra; **tah**la; **ar**bayta; att; hahr; ay; (Vocabulary) **gamm**al; nü; **vack**er; ung; fuel; hair; ock (o).

Notice that **är** is usually pronounced 'ay'.

Exercise 3

Give the Swedish for:

1 He has a car.

2 They have a house.

3 I am old.

4 The car is new.

5	You (*pl*) have a child.	9	The bird is ugly.
6	The girl is beautiful.	10	I am here.
7	We have a problem.	11	He has a cat and a dog.
8	You (*sing*) are young.	12	Here is the station.

6 Noun plurals

The plural of nouns is formed by adding endings. The nouns fall into five groups, each with its characteristic plural ending and, even though it is often possible to predict the correct ending, it is better to learn it along with the gender.

(i)	**-OR**	**en blomma**	a flower	**blommor**	flowers
(ii)	**-AR**	**en bil**	a car	**bilar**	cars
(iii)	**-ER**	**en månad**	a month	**månader**	months
(iv)	**-N**	**ett äpple**	an apple	**äpplen**	apples
(v)	**–**	**ett barn**	a child	**barn**	children

In the word lists the gender and plural of nouns will be indicated in this way: **bil** (noun) **-en** (gender) **-ar** (plural); **barn** (noun) **-et** (gender) **–** (plural).

The following guidelines will help to predict many of the plural endings:

(i) **En**-nouns that end in **-a** in the singular drop the **-a** and add **-or**:

kvinna	**kvinnor**	women
gata	**gator**	streets
flicka	**flickor**	girls

(ii) Many nouns add **-ar** in the plural, including some you've already met, as well as **En**-nouns that end in **-e, -el, -en, -dom, -ing** and **-lek** in the singular. Nouns that end in **-e, -el, -en, -er** all drop the **-e-** before the plural ending.

bil	bilar	cars
hund	hundar	dogs
måndag	måndagar	Mondays
höst	höstar	autumns
jul	jular	Christmases
pojke	pojkar	boys
fågel	fåglar	birds
sjukdom	sjukdomar	illnesses

(iii) Along with many other nouns, both **En-** and **Ett**-nouns that end in **-nad, -skap, -är, -het, -else, -ion** and **-ism** in the singular add **-er**:

en katt	katter	cats
en månad	månader	months
en svaghet	svagheter	weaknesses
en rörelse	rörelser	movements
en station	stationer	stations
en nation	nationer	nations

A small number of nouns in this group also change the vowel in the stem:

| en stad | städer | towns |
| en bok | böcker | books (note spelling) |

(iv) **Ett**-nouns that end in a vowel in the singular add **-n**:

| äpple | äpplen | apples |
| hjärta | hjärtan | hearts |

(v) This group – like English 'one sheep, two sheep' – adds no plural ending. It contains mainly **Ett**-nouns plus those **En**-nouns (denoting people) that end in **-are, -er, -ande** and **-ende**:

ett barn	barn	children
ett hus	hus	houses
ett rum	rum	rooms
ett problem	problem	problems

en lärare	lärare	teachers
ett apotek	apotek	pharmacies
ett system	system	systems
ett motiv	motiv	motives
ett bibliotek	bibliotek	libraries

IMITATED PRONUNCIATION: en **bloomm**a, **bloomm**or; **beel**ar; **mawn**ader; **epp**-leh, **epp**-len; **kvinn**or; **gaht**or; **flick**or; **hund**ar; **mond**ahgar; **hurst**ar; **yuel**ar; **poyk**eh; **poyk**ar; **fawg**lar; **shuek**doomar; **katt**er; **svahg**-hayter; **rur:rel**sser; **stashoo:n**er; **natshoo:n**er, en stahd, **staid**er; en boo:k, **burck**er; **yairt**an; **lairr**areh.

Exercise 4

Give the singular definite form (noun + end article) of the following plurals:

1	höstar	7	lärare
2	gator	8	fåglar
3	stationer	9	månader
4	rörelser	10	hjärtan
5	pojkar	11	barn
6	hus	12	äpplen

---

7 Numbers 0–10

0	**noll**	6	**sex**
1	**en/ett**	7	**sju**
2	**två**	8	**åtta**
3	**tre**	9	**nio**
4	**fyra**	10	**tio**
5	**fem**		

IMITATED PRONUNCIATION: noll; ayn/ett; tvaw; tray; **fü:ra**; fem; sekss; shue; **otta**; **nee**-eh; **tee**-eh.

8 Question form

Simple statements are made into simple questions by putting the verb before the subject.

Du har ett äpple.
　You have an apple.

Har du ett äpple?
　Have you an apple?

Har du många äpplen?
　Have you many apples?

Hur många äpplen har du?
　How many apples do you have?

Jan är här.
　Jan is here.

Är Jan här?
　Is Jan here?

Vocabulary (Exercises 5, 6 and 7)

bra	good	**på**	on
i	in	**mycket**	very
som	who, whom, which	**men**	but
också	also	**vad**	what
med	with		

IMITATED PRONUNCIATON: (8) **mong**a; huer; yahn; (Vocabulary) brah; ee; som; **ock**saw; meh(d); paw; **mük**eh; men; vah(d).

Exercise 5

Put the following into Swedish:

1   Boys and girls.

2   She has two cars.

3   We have four children.

4   They are women.

5   Stockholm has many streets.

6   The street has ten houses.

7   I have five apples.

8   The girl has three cats.

9   The teacher has a dog.

10 The car is good.

11 How many boys are in the house?

12 A woman who has many children.

Drill 1

In English, we rarely respond to a simple question such as 'Have you got an apple?' with a blunt 'Yes' or 'No'. It is more natural to say 'Yes, I have' or 'No, I haven't'. The equivalent Swedish idioms are as follows:

Har du ett äpple?   Have you got an apple?
  Ja, det har jag.   Yes, I have.
  Nej, det har jag inte.   No, I haven't.

Är hon ung?   Is she young?
  Ja, det är hon.   Yes, she is.
  Nej, det är hon inte.   No, she isn't.

Now respond to the following prompts, first positively and then negatively:

1 Har du ett hus?

2 Har hon barn?

3 Är de unga?

4 Är du lärare?

5 Är det jul?

6 Är han gammal?

7 Har de en flicka?

8 Har ni många katter?

IMITATED PRONUNCIATION: yah; nay; inteh.

9 Everyday expressions

Here are some common conversational phrases you should learn. They may well be of use to you straight away.

Hej	Hello, Hi
Hej då	Cheerio, Bye
Goddag	Hello, How do you do?
Vi ses	See you soon
Tack	Thanks
Tack så mycket	Thank you very much
Nej, tack	No, thanks
jag (etc.) **bor**	I (etc.) live
jag (etc.) **heter**	I am (etc.) called

IMITATED PRONUNCIATION: hay; hay daw; goo-**dah**; vee sayss; tack; tack saw **mük**eh; boo:r; **hayt**er.

Reading text

Listen to the text if you have the cassettes, and practise reading it aloud:

Eva och Gunnar är lärare i Stockholm. De har två barn – en pojke och en flicka. Pojken heter Erik och flickan heter Karin. De har också en hund som heter Bill och en katt som heter Puss. De bor i ett hus med fem rum på Trollbergsgatan. Katten är mycket ung men hunden är gammal.

IMITATED PRONUNCIATION: **ayv**a; **gunn**ar; **ayr**eek; **kahr**in; bill; puss; **troll**berryss-gahtan.

Exercise 6

Answer in Swedish the following questions on the text:

1 Är Eva och Gunnar lärare?

2 Hur många barn har de?

3 Vad heter pojken?

4 Vad heter flickan?

5 Hur många hundar har de?

6 Är hunden ung?

7 Hur många rum har huset?

8 Vad heter gatan?

Exercise 7

Translate the text into English.

Vocabulary to Chapter 1

Notice the order of the Swedish alphabet: A–Z followed by Å, Ä and Ö.

At the end of every lesson we shall provide a list of all new words you have learned in the lesson, together with details such as gender and plural of nouns. Cover up the Swedish and check that you have learned it thoroughly.

apotek-et–	pharmacy	goddag	hello, how do you do?
arbeta	to work		
barn-et–	child	ha/har	to have/has
bibliotek-et–	library	han	he
bil-en-ar	car	heter	am/is/are called
blomma-n-or	flower		
bok-en, böcker	book	hej	hello
		hej då	cheerio
bor	live(s)	hjärta-t-n	heart
bord-et–	table	hon	she
bra	good	hund-en-ar	dog
de	they	hur	how
den/det	it	hus-et–	house
dotter-n, döttrar	daughter	här	here
		höst-en-ar	autumn
du	you (*sing informal*)	i	in
		inte	not
en/ett	a/one	ja	yes
Europa	Europe	jag	I
exempel, exemplet–	example	januari	January
		jul-en-ar	Christmas
faktum-et, fakta	fact	katt-en-er	cat
		kvinna-n-or	woman
fem	five	lejon-et–	lion
fisk-en-ar	fish	lärare-n–	teacher
flicka-n-or	girl	man	one (you, they etc.)
ful	ugly		
fyra	four	man-nen, män	man
fågel-n, fåglar	bird	med	with
gammal	old	men	but
gata-n-or	street	motiv-et–	motive

museum,	museum	som	who, whom, which
museet,			
museer		sommar-en,	summer
mycket	very	stad-en,	town
månad-en-er	month	städer	
måndag-en-ar	Monday	station-en-er	station
många	many	Stockholm	Stockholm
nation-en-er	nation	svaghet-en-er	weakness
nej	no	Sverige	Sweden
ni	you (sing formal, pl)	system-et–	system
		tack	thanks
nio	nine	tack så	thank you
noll	zero	mycket	very much
ny	new	tala	to speak
nyckel-n,	key	tio	ten
nycklar		tre	three
och	and	två	two
också	also	ung	young
pojke-n-ar	boy	vacker	beautiful
problem-et–	problem	vad	what
på	on	vara	to be
påsk-en-ar	Easter	vi	we
rum-met–	room	vi ses	see you soon
rörelse-n-r	movement	åtta	eight
sex	six	äpple-t-n	apple
sju	seven	är	am/is/are
sjukdom-en-ar	illness	öken, öknen,	desert
Småland	Småland	öknar	

27

Chapter 2

In this chapter you will learn:
- the present tense of verbs, including two verbs meaning 'go'
- the plural of 'the'
- some question words and more about word order
- the useful preposition **på** (meaning 'on', 'at', 'to', etc.)
- the negatives 'not' and 'no'
- the object pronouns ('me', 'him', etc.)
- the numbers from 11 to 20.

10 Present tense of verbs

The present tense of regular Swedish verbs is formed by adding **-ar**, **-er** or **-r** to the stem of the infinitive (that is, the infinitive minus its final **-a**). There are four classes of verbs but in the present tense Class 2 and Class 4 behave in the same way.

	1	2	3	4
	-AR	-ER	-R	-ER
Infinitive	jobba	köpa	bo	komma
	to work	to buy	to live	to come
Present	jobbar	köper	bor	kommer

Jag jobbar i Stockholm.
I work in Stockholm.

Hon köper tre äpplen.
She buys three apples.

Vi bor i Sverige.
We live in Sweden.

De kommer till Småland.
They come to Småland.

It is not generally possible to predict which of the above classes a verb will belong to, though most verbs which have an infinitive without an -a ending belong to Class 3. There are, however, some Class 4 verbs without the infinitive -a and these merely add -r for the present tense like Class 3, e. g. **gå** 'to go, walk', present tense **går**.

A small number of verbs, e.g. **höra** (2) 'to hear', which have a stem ending in -r do not add an ending in the present tense. Thus: infinitive **höra**, present tense **hör**.

Swedish has no equivalent to the English continuous tense and 'do' construction. 'I am working', 'I do work' and 'I work' would all be **jag jobbar** in Swedish.

In Swedish the future is very commonly expressed by the use of the present tense together with a time word:

Vi kommer imorgon.   We shall come tomorrow.

Vocabulary

The class to which a verb belongs is given in brackets.

stanna (1)	to stop, stay
titta (1)	to look
åka (2)	to go, travel
tro (3)	to think, believe
få (4)	to get
skriva (4)	to write

IMITATED PRONUNCIATION: (10) **yobb**a, **yobb**ar; **chur:p**a, **chur:p**er; boo:, boo:r; **komm**a, **komm**er; gaw, gawr; **hur:r**a, hur:r; vee **komm**er **imorr**on; (Vocabulary) **stann**a; **titt**a; **awk**a; troo; faw; **skreev**a.

Exercise 8

Give the Swedish for:

1	I walk	9	they live
2	he works	10	he is
3	they look	11	she has
4	we travel	12	we buy
5	you (*pl*) write	13	he stops
6	she believes	14	I travel
7	you (*sing*) get	15	I think
8	you (*pl*) come		

11 'Åka' and 'gå'

Notice that **gå** specifically means 'to walk'; it normally only corresponds to English 'go' in the sense of 'attend'.

gå i skolan	to go to school
gå på bio	to go to the cinema

English 'go' in the general sense of 'travel' is covered by **åka**. This verb also produces a useful series of phrases:

åka buss	to go by bus
åka tåg	to go by train
åka bil	to go by car
åka båt	to go by boat
åka cykel	to go by bike
åka skidor	to ski

Vi åker buss till Lund.
We're going by bus to Lund.

Vi åker tåg till Malmö.
We're going by train to Malmö.

Vocabulary (for Exercises 9, 10, 11 & 12)

buss-en-ar	bus
tåg-et–	train
båt-en-ar	boat
skida-n-or	ski
cykel-n, cyklar	bicycle
affär-en-er	shop
varuhus-et–	department store
kontor-et–	office
skola-n-or	school
skog-en-ar	forest
från	from
nu	now
idag	today
snart	soon
göra	to do
så	so
svenska-n	Swedish
engelska-n	English

IMITATED PRONUNCIATION (11) gaw i skoo:lan; gaw paw bee-o; awka buss; awka tawg; awka beel; awka bawt; awka sückel; awka sheedor; vee awker buss till lund; vee awker tawg till malmur; (Vocabulary) sheeda; affairr; vahru-huess; kontoo:r; skoo:la; skoo:g; frawn; nue; idahg; snahrt; yur:ra; saw; svenska; engelska.

Exercise 9

Give the Swedish for:

1 The bus will come soon.

2 We shall travel to Stockholm tomorrow.

3 The boy and the girl go to school.

4 How are you travelling to Sweden?

5 I'm going by train.

6   They live in a house in the town.

7   She is ski-ing in the forest today.

8   The woman works in (**på**) a shop.

9   The girl comes from Malmö.

10 We go to the cinema.

11 He walks to the office in the town.

12 How many children are ski-ing now?

13 He is looking at (**på**) a house on Storgatan.

14 The boy will buy a bicycle tomorrow.

12 The definite article in the plural

We have seen (in Section 3) that the definite article in the singular is an end article and that it differs according to the gender of the noun. The plural article is also an end article. It does not vary according to gender but there is a change depending on the class of noun and its plural ending.

(i)	-OR	flickor	adds -NA: flickorna	the girls
(ii)	-AR	pojkar	adds -NA: pojkarna	the boys
(iii)	-ER	städer	adds -NA: städerna	the towns
(iv)	-N	äpplen	adds -A: äpplena	the apples
(v)	–	barn	adds -EN: barnen	the children

The **En**-nouns of group (v), i.e. nouns that end in **-are, -er, -ande, -ende** and denote people, are exceptions to the above rules in that they add **-NA**. (Those that end in **-are** drop the final **-e** before doing so.)

lärare	teachers	**lärarna**	the teachers
belgier	Belgians	**belgierna**	the Belgians
studerande	students	**studerandena**	the students

The indefinite and definite plural of **man** 'man' are irregular: **män, männen**.

IMITATED PRONUNCIATION: flickoorna; poykarna; staiderna; epplenna; bahrnen; lairarna; belgee-er, belgee-erna; studayrandeh, studayrandenna; men, mennen.

Exercise 10

Give first the plural and then the plural plus definite article of the following nouns:

1	en gata	11	ett äpple
2	ett barn	12	en cykel
3	ett hjärta	13	en skog
4	ett hus	14	ett bibliotek
5	ett tåg	15	en station
6	en skida	16	en flicka
7	ett bord	17	en bil
8	en höst	18	en båt
9	en fågel	19	ett varuhus
10	en stad	20	en skola

---

13 Question words

We have already seen (Section 8) that the verb comes before the subject in simple questions:

Kommer du?   Are you coming?

This is called inverted word order or inversion and, as will be seen later, it is important in Swedish in many contexts. Such inversion also operates when questions are asked using question words:

hur	how
när	when
var	where

vem	who
vad	what
varför	why
varifrån	where... from

Hur gammal är hon?
How old is she?

När kommer du till Lund?
When are you coming to Lund?

Var bor ni?
Where do you live?

Vem är flickan?
Who is the girl?

Vad köper han idag?
What is he buying today?

Varför är han här?
Why is he here?

Varifrån kommer hon?
Where does she come from?

Varifrån can be split into **var... ifrån:**

Var kommer hon ifrån?
Where does she come from?

One further question word is **vilken,** which changes according to the gender of the noun to which it applies: the form **vilken** is used with **En**-nouns, whereas **vilket** is used with **Ett**-nouns and **vilka** with plurals.

Vilken bok köper han?
Which book is he buying?

Vilket barn bor här?
Which child lives here?

Vilka böcker köper han?
Which books is he buying?

Vem 'who' can only refer to one person. If the 'who' refers to more than one person **vilka** is used:

Vem är han?
  Who is he?

Vilka är de?
  Who are they?

Vad is often used in exclamations where English would
have 'how':

Vad bra!
  How nice!

Vad duktig du är!
  How clever you are!

IMITATED PRONUNCIATION: nair; vahr; vem; **vahr**fur:r;
vahrifrawn; vahr **kom**mer hoon i**frawn**; **vil**ken; **vil**ket, **vil**ka; vah
dukti due ay.

Exercise 11

Give the Swedish for:

1 How many books are you (*sing*) buying?

2 Why are you (*pl*) going to Sweden?

3 Who is writing the book?

4 Where does the woman live?

5 Where does the boy come from?

6. What does one (**man**) do?

7 Which girls live in the house?

8 How old is the boy?

9 When are they going to Stockholm?

10 What are you (*sing*) writing?

---

14 The preposition 'på'

På is a very common preposition used in expressions of both place and time. It also occurs in a large number of idiomatic phrases. Examples of some of these uses are given below.

Place:	på golvet	on the floor
	på bordet	on the table
	på väggen	on the wall
	på gatan	in/on the street
	på torget	in/on the square
	på landet	in the country
	på banken	at *or* to the bank
	på hotellet	at *or* to the hotel
	på kontoret	at *or* to the office
	på bio	at *or* to the cinema
	på teater	at *or* to the theatre
	på stationen	at *or* to the station
Time:	på söndag	on Sunday
	på hösten	in the autumn
	på kvällen	in the evening
Verbs:	se (4) på	to look at
	titta (1) på	to look at
	höra (2) på	to listen to
	vänta (1) på	to wait for
	tänka (2) på	to think of
Adjectives:	säker på	sure of
	trött på	tired of
	bra på	good at

15 Negatives

The most usual word for 'not' is **inte** and its usual position is immediately after the verb it is negating:

Jag är trött.	I am tired.
Jag är inte trött.	I am not tired.
Han hör.	He hears.
Han hör inte.	He doesn't hear.

Two other negatives (**icke, ej**) occur but in limited circumstances. **Ej** will, for instance, be seen on notices forbidding something:

Ej parkering!	No parking
Ej rökning!	No smoking

IMITATED PRONUNCIATION: (14) paw **gol**vet; paw **vegg**en; paw **torr**-yet; paw **land**et; paw **bank**en; paw haw**tell**et; paw **bee**-o; paw te-**ah**ter; paw **surn**dah; paw **kvell**en; **say** paw; **venta** paw; **tenk**a paw; **saik**er paw; (15) ay park**ay**ring; ay **rurk**ning.

16 Word order in main clauses

The word order in main clauses may be either normal or inverted. (A main clause is a clause capable of standing alone as a sentence in its own right.)

By normal order we mean that the statement starts with the subject, followed by the verb:

Jan åker buss.
Jan goes by bus.

By inverted order we mean that the subject follows the verb:

Åker Jan buss?
Is Jan going by bus?

As has already been suggested (Sections 8 and 13) inversion is the usual pattern in Swedish questions. Inversion of subject and verb is also very common in statements, for emphasis or balance. If a main clause begins with anything other than the subject, the verb must still come in second position and consequently the subject will follow it.
That 'anything other' can be almost any element of the sentence, for instance, (a) an adverb or adverbial phrase; (b) the object in the clause; (c) an adjective describing the subject:

(a) **Nu är han här.**	Now he is here.
Imorgon kommer hon.	Tomorrow she is coming.
På vintern snöar det.	In winter it snows.
(b) **Sprit dricker hon aldrig.**	She never drinks spirits.
Kaffe dricker hon	She drinks cofffee all day.
hela dagen.	
Det gör alla.	Everyone does that.
(c) **Vacker är hon inte.**	She is not beautiful.

Notice that, when inversion takes place, common adverbs such as **inte** and **aldrig** come after the subject instead of after the verb:

| *Normal:* **Han kommer inte idag.** | He's not coming today. |
| *Inverted:* **Idag kommer han inte.** | Today he's not coming. |

IMITATED PRONUNCIATION: paw **vint**ern **snur:**ar de; spreet **drick**er hoon **aldri; kaff**eh **drick**er hoon **hay**la **dahg**en; de yur:r **all**a.

Exercise 12

Rewrite the following sentences putting the words in italics at the beginning:

1   Vi går på bio *idag*.

2   De åker skidor *på vintern*.

3   Han har fem bilar *nu*.

4   Hon är inte *så gammal*.

5   Man tror *det* i Sverige.

6   En man och en kvinna bor *i huset*.

7   Han jobbar *imorgon*.

8   Vi talar inte *svenska och engelska*.

17 Object pronouns

The subject form of the personal pronouns has already been given (Section 4). The object forms are as follows:

Singular		Plural	
mig	me	**oss**	us
dig	you	**er**	you
honom	him	**dem**	them
henne	her		
den, det	it		

Notice the pronunciation of **mig, dig** and **dem**.

Flickan tittar på honom.	The girl looks at him.
Han ser henne inte.	He doesn't see her.
Jag tror dig.	I believe you.
Vi talar med dem.	We talk to them.

Note the position of **inte** and other common adverbs. When there is a simple direct object pronoun **inte** will come after it; if, however, the object pronoun is accompanied by a preposition (such as **på** or **med**) **inte** will remain in its usual position immediately after the verb:

Vi ser henne inte.	We don't see her.
Vi tittar inte på henne.	We don't look at her.

IMITATED PRONUNCIATION: may; day; hon**o**m; henn**e**h; den; day; oss; ayr; dom.

Exercise 13

Give the Swedish for:

1 I work with him.
2 They are looking at us.
3 She listens to you (sing).
4 The woman is waiting for me.
5 The children believe you (*pl*).
6 He is talking to her.

18 Numbers 11-20

11	elva	16	sexton
12	tolv	17	sjutton
13	tretton	18	arton
14	fjorton	19	nitton
15	femton	20	tjugo

Vocabulary

fredag-en-ar	Friday
ofta	often
för	too
student-en-er	student
år-et–	year
studera (1)	to study
mellan	between
eller	or
vid	at
stiga av (4)	to get off
fram	forward
fram till	up to
kiosk-en-er	kiosk, news-stand
där	there
tidning-en-ar	newspaper
sedan	then, after that
hem	home
att	that

IMITATED PRONUNCIATION (18) elva; tolv; tretton; fyoorton; femton; sexton; shuton; ahrrton; nitton; chuegoo; (Vocabulary) fraydah; ofta; fur:r; student; awr; studayra; mellan; eller; veed; steega ahv; fram; fram till; chosk; dair; teedning; sen; hem; o. (Notice that att is often pronounced 'o' and that sedan is often pronounced 'sen'.)

Reading text

Listen to the text if you have the cassettes, and practise reading it aloud:

Det är en fredag på vintern och Gunilla åker buss. På sommaren åker hon ofta cykel, men nu är hon för trött. Och det snöar. Gunilla är student. Hon är nitton år och studerar engelska, men på måndagar och fredagar jobbar hon på en bank mellan två och fem. På kvällen går hon ofta på bio eller på teater men idag är hon trött. Bussen stannar vid stationen och hon stiger av och går fram till kiosken. Där köper hon en tidning och två äpplen och sedan går hon hem. Vad bra att det är fredag!

IMITATED PRONUNCIATION: gunilla.

Exercise 14

Give the definite plural forms of these words in the text:

1	buss	6	kväll
2	cykel	7	kiosk
3	student	8	tidning
4	år	9	äpple
5	bank		

Exercise 15

Give the infinitives of the following verbs:

1	tittar	4	skriver
2	tror	5	hör
3	får		

Exercise 16

Answer in Swedish the following questions on the text:

1 Vad heter flickan i bussen?
2 Vad heter du?
3 Hur gammal är flickan?
4 Vad studerar Gunilla?
5 Vilka dagar jobbar hon på banken?
6 Vad gör hon ofta på kvällen?
7 Var stannar bussen?
8 Vad köper Gunilla?

Exercise 17

Translate the text into English.

Vocabulary to Chapter 2

affär-en-er	shop	**dig**	you (*sing*
aldrig	never		*obj*)
alla	everyone	**dricka** (4)	to drink
arton	eighteen	**duktig**	gifted, able,
att	that		proficient
bank-en-er	bank	**där**	there
belgier-n–	Belgian	**ej**	not, no
bio(graf)-en-er	cinema	**eller**	or
bo (3)	to live,	**elva**	eleven
	dwell	**engelska-n**	English
buss-en-ar	bus	**er**	you (*pl obj*)
båt-en-ar	boat	**femton**	fifteen
cykel-n, cyklar	bicycle	**fjorton**	fourteen
dag-en-ar	day	**fram**	forward,
dem	them		on

fram till	up to	skriva (4)	to write
fredag-en-ar	Friday	snart	soon
från	from	snöa (1)	to snow
få (4)	to get	sprit-en	spirits
golv-et–	floor	stanna (1)	to stop, stay
gå	to walk, go	stiga av (4)	to get off
göra (2)	to do	student-en-er	student
hel	whole	studera	to study
hem	home	studerande-n–	student
henne	her	svenska-n	Swedish
honom	him	så	so
hotell-et–	hotel	säker	sure
höra (2)	to hear	söndag-en-ar	Sunday
icke	not	teater-n,	theatre
idag	today	teatrar	
imorgon	tomorrow	tidning-en-ar	newspaper
jobba (1)	to work	till	to
kaffe-t	coffee	titta (1)	to look
kiosk-en-er	newsstand,	tjugo	twenty
	kiosk	tolv	twelve
komma (4)	to come	torg-et–	square
kontor-et–	office	tretton	thirteen
kväll-en-ar	evening	tro (3)	to believe,
köpa (2)	to buy		think
land-et, länder	country	trött	tired
mellan	between	tåg-et–	train
mig	me	tänka (2)	to think
nitton	nineteen	var	where
nu	now	varför	why
när	when	varifrån	where...
ofta	often		from
oss	us	varuhus-et–	department
parkering-en-ar	parking		store
rökning-en	smoking	vem	who
se (4)	to see	vid	at
sedan	then, after	vilken	which
	that	vinter-n,	winter
sexton	sixteen	vintrar	
sjutton	seventeen	vägg-en-ar	wall
skida-n-or	ski	vänta (1)	to wait
skog-en-ar	wood, forest	åka (2)	to go, travel
skola-n-or	school	år-et–	year

43

Chapter 3

In Chapter 3 you will find out:
* how to express 'is' or 'of' in Swedish
* how to give instructions and commands
* how the modal auxiliary verbs ('can', 'shall', 'must', etc.) are used
* how adjectives and 'it' change form according to the noun they are used with
* how to count from 20 to a billion.

19 Possessive of nouns

Possession in English is expressed either by the use of 's' with an apostrophe or by an 'of' construction: 'John's car'; 'the capital of Sweden'. By far the most common method in Swedish is to add an -s to the noun: **Jans bil; Sveriges huvudstad**. Notice that there is no apostrophe. A definite article may be added to the first noun but never to the second noun:

pojkens skidor
   the boy's skis

dagens rätt
   dish of the day

skolans rektor
   the headmaster of the school

flickornas mor
   the girl's mother

IMITATED PRONUNCIATION: **svery**-ehss **huev**ud-stahd; **dah**genss rett; **skoo:l**anss **rek**tor; **flick**oornass moo:r

44

Exercise 18

Give the Swedish for:

1	the child's bicycle	5	the girls' cats
2	the hotels of the country	6	the children of the school
3	the boys' boats	7	the rooms of the house
4	the woman's house	8	the forests of Sweden

20 The imperative

The imperative is the form of the verb used for giving commands. It varies according to the class of the verb; in Class 1 and Class 3 the infinitive and the imperative are identical, while in Class 2 and Class 4 the imperative is formed by dropping the **-a** of the infinitive:

	1	2	3	4
Infinitive	**stanna**	**köra**	**tro**	**springa**
Imperative	**Stanna!**	**Kör!**	**Tro!**	**Spring!**
	Stop!	Drive!	Believe!	Run!

Class 4 verbs with an infinitive that does not end in **-a** (e.g. **gå**) form their imperatives in the same way as Class 3 verbs: **Gå!** 'Walk!'

To make the imperative negative simply add **inte** in the usual way:

Stanna inte!	Don't stop!
Spring inte!	Don't run!

Two imperative constructions are often used to express 'please'. Literally, the expressions mean 'Be kind and...', using **var!** the imperative of **vara** 'to be':

Var så god och kom in!   Please come in!
Var snäll och stanna här!   Please stop here!

Var så god is used when offering someone something or allowing them to do something; **var snäll** is used when requesting or appealing.

Notice the spelling change from infinitive **komma** to imperative **kom!** Final **m** and **n** are rarely doubled even when the preceding vowel is short, as here.

IMITATED PRONUNCIATION: chur:r; spring; vahr shaw goo:d aw kom **in;** vahr shnell aw **stanna hair.**

Exercise 19

Give the Swedish for:

1	Drive home!	6	Please come soon!
2	Don't come tomorrow!	7	Study Swedish!
3	Please write to me!	8	Buy a boat!
4	Listen to me!	9	Look at him!
5	Drink coffee!	10	Wait for us!

---

21 Modal auxiliary verbs

Modal auxiliary verbs have little meaning on their own but combine with the infinitive of another verb ('the main verb') to show such things as possibility, permission and intention.

The most common modal auxiliary verbs in Swedish are:

Infinitive	*Present tense*	
kunna	**kan**	to be able to, can
skola	**ska (skall)**	shall, will, is to
vilja	**vill**	want to

–	**måste**	must, have to
få	**får**	be allowed to, may

In two-verb constructions they are used directly together with the infinitive of the main verb:

Han kan komma imorgon.	He can come tomorrow.
Vi ska åka till Sverige.	We shall travel to Sweden.
Jag vill läsa boken.	I want to read the book.
Hon får gå på bio.	She may go to the cinema.

In negative constructions **inte** is placed after the modal auxiliary verb:

Han kan inte komma.	He can't come.
Hon vill inte köra.	She doesn't want to drive.

The negative 'must not' is **får inte** in Swedish:
Du får inte köra. You must not drive.

Vocabulary (Exercises 20 and 21)

brev-et–	letter	**dörr-en-ar**	door
teve-n-ar (TV-n-ar)	TV	**musik-en**	music
öppna (1)	to open	**stol-en-ar**	chair

IMITATED PRONUNCIATION: (21) **kunn**a, kan; **skool**a, ska; **vil**ya, vill; **most**eh; faw, fawr; **laiss**a; (Vocabulary) brayv; **tay**vay; durr; **urp**na; muess**eek**; stoo:l

Exercise 20

Give the Swedish for:

1 Gunilla wants to look at the books.

2 We can go by train to Malmö.

3 You must not buy so many books.

4 I must write seven letters today.

5 Who wants to look at TV?

6 They don't want to go skiing tomorrow.

7 I can't hear you!

8 When are we allowed to see him?

9 They can't open the door.

10 I want to listen to the music.

22 The indefinite form of the adjective

The pattern of adjective + noun constructions in Swedish
depends on the gender of the noun and on whether they are
being used with the indefinite article, the definite article, or
a possessive word. The forms used with the indefinite article
(and in a number of other situations) are:

En-nouns	*Ett-nouns*	*Plural*	
no ending	-t	-a	
svensk	svenskt	svenska	Swedish
stor	stort	stora	big
dyr	dyrt	dyra	expensive
billig	billigt	billiga	cheap
kall	kallt	kalla	cold
tråkig	tråkigt	tråkiga	boring
lång	långt	långa	long
tjock	tjockt	tjocka	fat, thick
varm	varmt	varma	hot

en svensk bil	a Swedish car
ett dyrt hus	an expensive house
billiga bilar	cheap cars
en tjock bok	a thick book
ett kallt hotell	a cold hotel
tråkiga böcker	boring books

The adjective follows this pattern in the following circumstances:

(a) when used with the indefinite article (as above)

(b) when used with no article:

varm mat	hot food
varmt väder	hot weather
varma dagar	hot days

(c) when the adjective appears in the predicate (separated from the noun):

Maten är varm.	The food is hot.
Vädret är varmt.	The weather is hot.
Dagarna är varma.	The days are hot.

(d) when the adjective follows a number:

| två tråkiga böcker | two boring books |
| fem tråkiga filmer | five boring films |

(e) when used with indefinite adjectives e.g. **någon (något, några)** 'some, any'; **ingen (inget, inga)** 'no, none'; **all (allt, alla)** 'all'; **varje** 'every, each'; **många** 'many'. (**Någon** and **ingen** are dealt with in more detail in Chapter 9.)

ingen stor stol	no big chair
inget stort bord	no big table
inga stora lägenheter	no big flats

(f) when used with interrogative (question) adjectives e.g. **vilken (vilket, vilka)** 'which':

vilken dyr biljett	which expensive ticket
vilket dyrt hotell	which expensive hotel
vilka dyra biljetter	which expensive tickets

IMITATED PRONUNCIATION: svensk; stoo:r, dü:r; **billi, billit, billi-a;** kall; **trawki, trawkit, trawki-a;** lawng; chock; varm; varm maht; varmt **vaider; varma dahgar;** fem **trawki-a filmer;** nawgon; **ingen;** all (*remember 'a' as in 'man'*); var-yeh; **inga stoo:ra** laigenhayter; **vilken dü:r** bilyett

Exercise 21

Give the Swedish for:

1. Olle has a Swedish bicycle.
2. Gunilla lives in a big house.
3. The tickets are too expensive.
4. I must buy some cheap chairs.
5. The capital of Sweden is big.
6. We see many boring films every year.
7. Eva's flat is cold.
8. He drives an expensive Swedish car.
9. All thick books are boring.
10. Open the door! The house is too hot!

23 Irregular adjectives

There are a number of minor variations on the adjectival endings described above. The most important of them are:

(a) Adjectives ending in a vowel add **-tt** in the **Ett**-form e.g. **fri, fritt, fria** 'free'.
(b) Adjectives ending in vowel + **t** double the **t** in the **Ett**-form e.g. **vit, vitt, vita** 'white'.
(c) Adjectives ending in **-tt** remain the same in the **Ett**-form e.g. **trött, trött, trötta** 'tired'.
(d) Adjectives ending in a vowel + **d** change to **-tt** in the **Ett**-form e.g. **god, gott, goda** 'good'.
(e) Adjectives ending in a consonant + **d** change to **t** in the **Ett**-form e.g. **hård, hårt, hårda** 'hard'.
(f) Adjectives ending in **nn** drop an **n** in the **Ett**-form e.g. **sann, sant, sanna** 'true'.

(g) Adjectives ending in **m** double the **m** in the plural
   e.g. **tom, tomt, tomma** 'empty'.
(h) Adjectives ending in **el** or **er** drop the **e** in the plural
   e.g. **vacker, vackert, vackra** 'beautiful'; **enkel, enkelt,
   enkla** 'simple'.

The plural of **gammal** 'old' is **gamla.**

Liten 'small' is also irregular: **liten, litet, små.**

A small number of adjectives never change their form. Some
of them are very common words e.g. **bra** 'good', **fel** 'wrong'.

A few of these adjectives can only be used in the predicate
(not in front of a noun) e.g. **sönder** 'broken', **slut** 'finished'.
Others can only be used before a noun e.g. **stackars** 'poor,
unfortunate':

Stackars Jan!	Poor Jan!
Filmen är slut!	The film is finished.

Exercise 22

Give the Ett-form of the following adjectives:

1 **bred** 'wide' 2 **blå** 'blue' 3 **våt** 'wet' 4 **lätt** 'light, easy'
5 **mild** 'mild' 6 **tunn** 'thin'

Exercise 23

Give the plural form of the following adjectives:

1 **dum** 'stupid' 2 **gammal** 'old' 3 **liten** 'small'
4 **nykter** 'sober' 5 **säker** 'sure'

IMITATED PRONUNCIATION: (23) free, fritt, **free**-a; veet, vitt, **veet**a; goo:d, gott, **goo:d**a; hawrd, hawrt, **hawrd**a; sann, sant, **sann**a; toom, toomt, **toom**a; vacker, vackert, **vack**ra; enkel, enkelt, **enk**la; gammal, **gam**la; **leet**en, **leet**et, smaw; fayl; **surnd**er; sluet; **stack**arsh; (Ex. 22) brayd; blaw; vawt; lett; mild; tunn; (Ex. 23) dum; **nükter**; **saik**er

---

Exercise 24

Give the Swedish for:

1   The house has a big white door.

2   Small children cannot read thick books.

3   Hot food is good when the weather is cold.

4   They are old and tired.

5   He is working in an empty house.

6   Brita's bicycle is broken.

7   We have a good flat but it is too small.

8   He writes boring letters to many beautiful girls.

9   Poor Erik has to study every day.

10   (The) School is finished and now we are free!

---

24 Numbers 20 –

20	**tjugo**
21	**tjugoett (tjugoen)**
22	**tjugotvå**
	(etc.)
30	**trettio**
31	**trettioett (trettioen)**
32	**trettiotvå**
	(etc.)
40	**fyrtio**

50	**femtio**
60	**sextio**
70	**sjuttio**
80	**åttio**
90	**nittio**
100	**hundra** or **etthundra**
101	**hundraett** or **etthundraett (-en)**
152	**(ett)hundrafemtiotvå**
246	**tvåhundrafyrtiosex**
1,000	**tusen** or **ettusen**
1,001	**(et)tusenett (-en)**(etc.)
1,000,000	**en miljon (*pl* -er)**
1,000,000,000	**en miljard (*pl* -er)**

Only the numbers ending in 'one' show the gender of the noun:

en hund so **tjugoen hundar, hundraen hundar** etc.
ett hus so **tjugoett hus, hundraett hus** etc.

The year in dates is normally said as follows:

1886   **artonhundraåttiosex**

IMITATED PRONUNCIATION: **chue**goo; chue-**ett**; chue-**tvaw**;
tretti; tretti-**ett**; tretti-**tvaw**; **furr**ti; **fem**ti; **sex**ti; **shut**ti; **ot**ti; **nit**ti;
hundra; hundra-**ett**; hundra-femti-**tvaw**; **tues**sen; mil**yoo:n**;
mil**yard**

Exercise 25

Write the following numerals and phrases in Swedish words:

(a) 24	(f) 79	(k) 143
(b) 47	(g) 92	(l) 231 dagar
(c) 38	(h) 88	(m) 471 år
(d) 65	(i) 21 flickor	(n) 1992
(e) 53	(j) 61 hotell	

25 'Den' or 'det'?

Den and **det**, both meaning 'it', refer respectively to
En-nouns and **Ett**-nouns:

Var är boken? Jag har den här.
Where is the book? I have it here.

Var är kaffet? Jag har det här.
Where is the coffee? I have it here.

Den, however, is much more resticted in its use than **det**.

Den is used in the construction 'it is + adjective' where the
'it' refers to an **En**-noun:

Han har en cykel. Den är gammal.
He has a bicycle. It is old.

Hon har en hund. Den är vit.
She has a dog. It is white.

Det is used in the following circumstances – in some of
which English would use a word other than 'it':

(a) in the construction 'it is + adjective' where the 'it' refers
to an **Ett**-noun:

Han har ett hus. Det är stort.   He has a house. It is big.
Här är brevet. Det är långt.   Here is the letter. It is long.

(b) in the construction 'it is + noun' *irrespective* of the
gender and number of the noun:

Det är en hund.	It's a dog.
Det är en stor hund.	It's a big dog.
Det är ett hotell.	It's a hotel.
Det är min bror.	It/He is my brother.
Det är min syster.	It/She is my sister.

(c) where the 'it' is used in a general, impersonal way
without reference to a specific noun:

Det regnar idag.   It's raining today.

Det är svårt att förstå.	It's hard to understand.
Hur gör man det?	How do you do it?

(d) corresponding to English 'there' in expressions such as:

Det finns ett hotell här.	There is a hotel here.
Det var en gång...	There was once...

(e) In idiomatic responses such as **Ja, det har jag** (see Lesson 1 Drill 1).

IMITATED PRONUNCIATION: de ay min broo:r; de ay min **süs**ter; de **reng**nar i**dahg**; de ay svawrt att furr**shtaw**; de finns ett haw**tell** hair; de vahr en gong

---

Vocabulary

fin	fine, nice
juni	June
hav-et–	sea
för att	in order to
bada (1)	to bathe
lite	a bit, somewhat
fortfarande	still
tycka om (2)	to like
därför att	because
bekväm	comfortable
faktiskt	actually
amerikansk	American
särskilt	specially
avstånd-et–	distance
skön	nice
sol-en-ar	sun
skina (4)	to shine
parkeringsplats-en-er	car park
parkera (1)	to park
låsa (2)	to lock
strand-en, stränder	shore
simma (1)	to swim
säga (4)	to say

Exercise 26

Fill in the blanks in the following sentences with either **den** *or* **det**. *When you have finished and checked your answers in the key, listen to the passage on the cassette, if you have it, and practise reading it aloud.*

(1) är en fin dag i juni och Göran kör till havet för att bada. Görans bil är lite gammal men (2) är fortfarande bra. Han tycker om (3) därför att (4) är mycket stor och bekväm. (5) är faktiskt en amerikansk bil. (6) är inte särskilt långt till havet. Snart ser han (7) på avstånd. (8) är skönt att bada när solen skiner. Göran kör fram till en stor parkeringsplats och parkerar bilen. Han låser (9) och går till stranden.

IMITATED PRONUNCIATION:(Vocabulary) feen; **yun**i; hahv; fur:r att; **bahd**a; **leet**eh; **foort**fahrandeh; **tück**a om; **dair**fur:r att; **bek**vaim; **fakt**ist; amerik**ahnsk**; **sair**shilt; **ahv**stond; shur:n; soo:l; **sheen**a; park**ayr**ingss-plats; park**ayr**a; **lawss**a; strand; **simm**a; **say**ya; (Ex. 26) **yur:r**an

Exercise 27

Give the Swedish for:

1 We go to Sweden because it is a beautiful country.

2 They like swimming ('to swim') in the sea.

3 Today he is sober but somewhat tired.

4 It is not difficult to drive in Sweden.

5 Eva parks the car in (**på**) an empty street.

6 We can't go to the cinema every day because the tickets are too expensive.

7   The sun is shining and the sea is blue.

8   Now it is raining and everyone ('all' *pl*) is wet.

9   An old woman is reading the book to (**för**) a small boy.

10 The girl's brother wants to listen to music.

11 There are many wide streets in Stockholm, the capital of Sweden.

12 Can you understand what he is saying?

13 The chair is comfortable but the table is too small.

14 Please wait for me! I can't run!

15 The film is long and boring and she doesn't like it.

Vocabulary to Chapter 3

all	all	**film-en-er**	film
amerikansk	American	**fin**	fine, nice
avstånd-et–	distance	**finns(det**	there is, there
bada (1)	to bathe	**finns)**	are
bekväm	comfortable	**fortfarande**	still
biljett-en-er	ticket	**fri**	free
billig	cheap	**fyrtio**	forty
blå	blue	**få** (4)	to be allowed
bred	wide		to, may
brev-et–	letter	**för att**	in order to
bror, brodern	brother	**förstå** (4)	to
bröder			understand
dum	stupid	**god**	good
dyr	expensive	**gång-en-er**	occasion,
därför att	because		time
dörr-en-ar	door	**hav-et–**	sea
enkel	simple	**hundra**	hundred
faktiskt	actually	**huvudstad-en,**	capital city
fel	wrong	**huvudstäder**	
femtio	fifty	**hård**	hard

in	in	skola (irreg)	shall, will
ingen (inget, inga)	none	skön	nice
		slut	finished
juni	June	sol-en-ar	sun
kall	cold	springa (4)	to run
kunna (irreg)	to be able	stackars	poor, unfortunate (people or animals)
köra (2)	to drive		
lite	a bit, somewhat		
liten	little, small		
lång	long	stol-en-ar	chair
låsa (2)	to lock	stor	big
lägenhet -en-er	flat, apartment	strand-en, stränder	shore
läsa (2)	to read	svår	difficult
lätt	easy, light	svensk	Swedish
mat-en	food	syster-n, systrar	sister
mild	mild		
miljard-en-er million	thousand	säga (4)	to say
		särskilt	specially
miljon-en-er	million	sönder	broken
min (mitt, mina)	my	teve-n-ar	TV
		tjock	fat, thick
mor, modern, mödrar	mother	tom	empty
		trettio	thirty
musik-en	music	tråkig	boring
måste (irreg)	must, have to	tunn	thin
nittio	ninety	tusen	thousand
nykter	sober	tycka om (2)	to like
någon (något, några)	some, any	var snäll och	please
		var så god -och	please
parkera (1)	to park	varje	each, every
parkering- splats-en-er	car park	varm	hot
regna (1)	to rain	vilja (irreg)	to want to
rektor-n-er	headmaster	vit	white
rätt-en-er	dish, course	våt	wet
sann	true	väder, vädret	weather
sextio	sixty	åttio	eighty
simma (1)	to swim	öppna (1)	to open
sjuttio	seventy		
skina (4)	to shine		

Chapter 4

This chapter concentrates on verbs. You will learn:
- the distinction between 'weak' and 'strong' verbs
- the imperfect (past) tense of weak and irregular verbs
- how reflexive verbs work
- some more adjective patterns
- how to make a polite request
- how the order of adverbs in a sentence differs from English.

26 Weak and strong verbs

As in the other Germanic languages (including English) there are strong and weak verbs in Swedish.

Weak verbs are those verbs that form their past tenses by the addition of an ending:

Infinitive	Imperfect
to love	he loved
älska (1)	**han älskade**

Strong verbs are those verbs that form their past tenses by a change of vowel in the stem:

Infinitive	Imperfect
to drink	he drank
dricka	**han drack**

The vowel changes in Swedish and English strong verbs are not necessarily the same, nor are verbs that are strong in English necessarily strong in Swedish.

Of the four classes of verbs in Swedish (Section 10) Classes 1, 2 and 3 are weak, whereas all strong verbs are gathered as Class 4 irrespective of the particular vowel change.

27 The imperfect tense of weak verbs

The imperfect is the simple past tense of the verb. Swedish has only one form to cover the English possibilities of, for instance, 'he talked', 'he did talk' and 'he was talking'.

The imperfect tense of weak verbs is formed by the addition of **-ade, -de, -te** or- **dde** to the stem of the infinitive (that is, the infinitive minus its final **-a**).

	1 **-ADE**	2a **-DE**	2b **-TE**	3 **-DDE**
Infinitive	**kosta**	**stänga**	**röka**	**ske**
	to cost	to close	to smoke	to happen
Imperfect	**kostade**	**stängde**	**rökte**	**skedde**

Skjortan kostade 210 kronor.
The shirt cost 210 crowns.

Han stängde av teven.
He switched off the TV.

Hon rökte cigarretter.
She smoked cigarettes.

Det skedde för tio år sedan.
It happened ten years ago.

There are a number of points to note about Class 2 verbs:

(a) Verbs with a stem ending in **k, p, t, s** or **x** belong to 2b: **åka, köpa, möta** ('to meet', imperfect **mötte**), **läsa**.
(b) Verbs with a stem ending in consonant + **d** or consonant + **t** only add -**e** in the imperfect: **tända** ('to light', imperfect **tände**); **lyfta** ('to lift', imperfect **lyfte**).
(c) Verbs with a stem ending in **-mm** or **-nn** drop the doubling before the imperfect ending: **glömma** ('to forget', imperfect **glömde**).

Exercise 28

Give the imperfect forms of the following verbs:

1 **betala** (1) to pay
2 **sy** (3) to sew
3 **följa** (2) to follow
4 **byta** (2) to exchange, change
5 **avsky** (3) to detest

6 **kolla** (1) to check
7 **växa** (2) to grow
8 **känna** (2) to know (people)
9 **bero** (3) to depend
10 **lyfta** (2) to lift

28 Irregular verbs

There are many irregular verbs. So far we have met the following common irregular verbs:

Infinitive		Present	Imperfect
vara	to be	**är**	**var**
ha	to have	**har**	**hade**
heta	to be called	**heter**	**hette**
få	to get	**får**	**fick**
gå	to go	**går**	**gick**
säga	to say	**säger**	**sade**
göra	to do	**gör**	**gjorde**
se	to see	**ser**	**såg**
kunna	to be able	**kan**	**kunde**
skola	shall, will	**ska**	**skulle**
vilja	to want to	**vill**	**ville**
–	have to, must	**måste**	**måste**
komma	to come	**kommer**	**kom**

Sade is usually pronounced and often written **sa**.

Vocabulary (Exercises 29 – 30)

för... sedan	ago
mycket	much
klänning-en-ar	dress, frock
skjorta-n-or	shirt
byxor *(pl)*	trousers
kjol-en-ar	skirt
tröja-n-or	sweater
vindjacka-n-or	anorak
mössa-n-or	cap
kläder *(pl)*	clothes
krona-n-or	crown
restaurang-en-er	restaurant
cigarett-en-er	cigarette
så snart (som)	as soon as
leka (2)	to play
gul	yellow
röd	red

Exercise 29

Give the Swedish for:

1 She was sewing a blue dress two days ago.

2 Göran bought four white shirts in (**på**) the department store.

3 He went home and changed clothes.

4 Jan lit a cigarette and read the newspaper.

5 Eva's new cap cost 400 crowns.

6 Eva detested a new sweater which Jan wanted to buy.

7 How much did the trousers cost?

8 He wanted to buy her a skirt.

9   They couldn't forget the girl in the shop.

10 We liked him as soon as we saw him.

11 It happened fifteen years ago.

12 I couldn't hear what he said.

13 They loved children and played with them every day.

14 The trousers were too big and the anorak was too small.

15 I followed her to a restaurant.

29 The definite form of the adjective

We have already seen (Section 22) the indefinite construction of adjective + noun. The construction that is used together with the definite article is as follows:

En-nouns	*Ett-nouns*	*Plurals*
den gröna kjolen	**det gröna bordet**	**de gröna kjolarna**
the green skirt	the green table	the green skirts

Notice two things:

(a) The adjective is in the -a form irrespective of gender and number. (When referring to one male, it sometimes ends in -e e.g. **den unge pojken.**)

(b) There is a double definite article i.e. the end article on the noun and a new article which is either **den, det** or **de** depending on gender and number.

The adjective **liten** 'small' has an irregular definite form: **den lilla flickan, det lilla huset, de små flickorna.**

The definite constuction is used in two sets of circumstances:

(a) with the definite article (as above)
(b) with the demonstrative words **den/det/de här** 'this', 'these' and **den/det/de där** 'that', 'those'.

den här nya vindjackan	this new anorak
det där billiga hotellet	that cheap hotel
de här gamla byxorna	these old trousers

Exercise 30

Change the following indefinite expressions into the definite form:

1	en vit skjorta	6	en billig bil
2	gamla kläder	7	ett stort hus
3	ett nytt hotell	8	gröna klänningar
4	en röd vindjacka	9	ett långt tåg
5	gula byxor	10	stora hus

Vocabulary (Exercises 31 and 32)

sko-n-r	shoe
strumpa-n-or	stocking
strumpbyxor (*pl*)	tights
blus-en-ar	blouse
överrock-en-ar	overcoat
regnrock-en-ar	raincoat
träningssko-n-r	trainer
brun	brown
grön	green
grå	grey
svart	black
smutsig	dirty
för	for
igår	yesterday
morgon-en, morgnar	morning

Exercise 31

Give the Swedish for:

1 Please buy those brown shoes.

2 The grey raincoat was old and dirty.

3 The small boy wanted to buy the red trainers.

4 This black overcoat is too small.

5 Gunilla bought these expensive new tights yesterday.

6 Long stockings are too hot in the summer.

7 That yellow blouse cost too much.

8 I paid 450 crowns for this little anorak.

9 She bought that raincoat because it was raining.

10 I want to exchange the black shoes.

30 Polite requests

The following are common ways of asking and thanking for things.

Vad får det vara?
What would you like/What can I do for you?

Kan jag hjälpa dig/er?
Can I help you?

Jag skulle vilja ha hatten tack.
I'd like the hat, please.

Jag tar mössan tack.
I'll take the cap, please.

Kan jag få blusen tack?
Can I have the blouse, please?

Var snäll och visa mig skjortan.
Please show me the shirt.

Är det bra så?
Is that right? Is that everything?

Tack ska ni/du ha!
Thank you.

Tack så mycket!
Thank you very much.

Ja, tack!
Yes, please.

Nej, tack!
No, thank you.

Varsågod is used in a number of circumstances, particularly:
(a) When someone has given you something and you have thanked them they will respond with **Varsågod!** i.e. it is equivalent to 'You are welcome'.
(b) When someone gives you something they will often say **Varsågod!** i.e. equivalent to 'Here you are'.
(c) When someone is giving you permission to do something or waving you on in front, they will often say **Varsågod!**

31 Reflexive verbs

Reflexive verbs involve the subject in performing some action upon itself and are accompanied by a reflexive pronoun such as 'myself' or 'herself' e.g. 'I washed myself'.

Reflexive verbs are far more common in Swedish than in English. The construction is as follows – notice that the reflexive pronoun is the same as the normal object pronoun (Section 17) except in the third person.

jag skyndar mig (1)	I hurry
du skyndar dig	you hurry
han/hon etc. **skyndar sig**	he/she etc. hurries
vi skyndar oss	we hurry
ni skyndar er	you hurry
de skyndar sig	they hurry

Some other very common reflexive verbs are:

gifta sig (2)	to get married
klä sig (3)	to get dressed
känna sig (2)	to feel
lägga sig (4, *imp* **lade**)	to lie down, go to bed
lära sig (2)	to learn
raka sig (1)	to shave
sätta sig (4, *imp* **satte**)	to sit down
tvätta sig (1)	to wash

Exercise 32

Fill in the appropriate reflexive pronoun:

1 Han rakar ____ på morgonen.

2 Vi gifte ____ för tio år sedan.

3 Hon skyndade ____ hem.

4 De lärde ____ svenska.

5 Känner du ____ trött?

6 Han sätter ____ på stolen.

7 Vi lägger ____ på kvällen.

8 Skynda ____, Erik!

9 Du tvättade ____ inte igår.

10 Nu ska ni lägga ____ .

Vocabulary (Conversation and Exercise 35)

expedit-en-er	shop assistant
par-et–	pair
passa till (1)	to match

ha råd att	to be able to afford
då	then
bäst	best
storlek-en-ar	size
prova (1)	to try on
passa (1)	to fit
jättebra	really good
kvalitet-en-er	quality
i alla fall	in any case
påse-n-ar	bag
kafé-t-er	café
kopp-en-ar	cup
fattig	poor

CONVERSATION

Expediten	Goddag! Vad får det vara?
Lars	Jo, jag skulle vilja ha ett par träningsskor.
Expediten	Vi har de här i vitt och de där i blått.
Lars	De ska passa till byxorna. Jag har inte råd att köpa nya byxor.
Expediten	Då är det bäst att ni tar de vita. Vad har ni för storlek?
Lars	Storlek 45. Kan jag få prova dem?
Expediten	Varsågod! Passar de?
Lars	Ja, de är jättebra. Vad kostar de?
Expediten	799 kronor. Men kvaliteten...
Lars	Ja, ja – jag tar dem i alla fall. Kan jag få en påse? Och var finns det ett bra kafé? Nu måste jag dricka en kopp kaffe...

32 Grammar and idioms in the conversation

(a) Expressions of quantity in Swedish do not have any equivalent to the 'of' in 'a cup of coffee'.

en kopp kaffe a cup of coffee
en par skor a pair of shoes

(b) When an indefinite noun form of a colour is needed the **Ett**-form of the adjective is used: **i vitt** 'in white'; **i blått** 'in blue'; **i rött** 'in red'.

(c) **Vad har ni/du för...** is a very common variant and more idiomatic than **vad är...**

(d) **Kan jag få** + noun is 'may I have...'; **kan jag få** + infinitive is 'may I...' asking for permission.

(e) The prefix **jätte-** (literally 'giant') is very commonly used to strengthen adjectives: **jättebra** 'really good'; **jättestor** 'really big'.

Exercise 33

Answer in Swedish these questions on the conversation:

1 Vad vill Lars köpa?

2 Varför ska skorna passa till byxorna?

3 Vilken storlek har Lars?

4 Hur mycket kostade skorna?

5 Vad ville Lars dricka?

Exercise 34

Translate the conversation into English.

33 Word order of adverbs in main clauses

Word order in questions and the order of subject and verb in main clauses have already been mentioned (Section 8, 3, 16). Adverbs are words or phrases that modify the meaning of the verb or some aspect of the clause. Many, but far from all, adverbs are derived from adjectives, e.g. adjective 'beautiful', adverb 'beautifully'. Examples of adverbs not derived from adjectives are: 'soon', 'never', 'always'.

(a) The normal position for simple adverbs in main clauses is immediately after the verb or, where there is an auxiliary verb, after the auxiliary verb:

Han läser aldrig.	He never reads.
Hon kommer snart.	She'll come soon.
Jag kan inte åka skidor.	I cannot ski.
Vi ska möjligen köpa huset.	We will possibly buy the house.

(b) For reasons of style and emphasis, however, an adverb may often start the main clause (Section 16). In such cases there will be inversion of subject and verb:

Aldrig läser han.
Snart kommer hon.
Inte kan jag åka skidor.
Möjligen ska vi köpa huset.

(c) The main exception to (a) is that object pronouns, unless they are being particularly stressed, will stand between the verb and the adverb:

Han älskar henne inte.	He doesn't love her.
Vi ser honom aldrig.	We never see him.
Jag köpte den inte.	I didn't buy it.

Compare this to the order when the object is a noun:

Han älskar inte kvinnan.	He doesn't love the woman.

(d) There are, of course, other more complex adverbs, often phrases expressing manner, place or time. These would be placed after the simple adverbs and usually in the order (i) manner (ii) place (iii) time:

Han skyndade sig genast till kontoret i morse.
He hurried   at once to the office this morning.

It would be quite permissible to start the clause with any one of these adverbial elements as long as the subject and verb were then inverted:

I morse skyndade han sig genast till kontoret.

Exercise 35

Make the following sentences negative by putting **inte** *in the correct position:*

1 Evas mor var så fattig.

2 Jan tyckte om läraren.

3 Han kunde göra det.

4 Vi kan förstå svenska.

5 Jag dricker kaffe på morgonen.

6 Vi såg honom på tåget.

7 Erik köpte den igår.

8 Du kan gå på teater när du vill.

Exercise 36

Rewrite the following sentences putting the word or phrase in italics at the beginning:

1 Vi ska gå på bio *imorgon.*

2 Jag jobbar på banken *varje dag.*

3 Han åkte hem *på kvällen.*

4 Hon köpte *fem par skor* i Stockholm.

5 Ni bodde i Sverige *för femton år sedan.*

Vocabulary to Chapter 4

avsky (3)	to detest	**gifta sig** (2)	to get
bero (3)	to depend		married
betala (1)	to pay	**glömma** (2)	to forget
blus-en-ar	blouse	**grå**	grey
brun	brown	**grön**	green
byta (2)	to exchange,	**gul**	yellow
	change	**ha råd att**	to be able to
byxor (*pl*)	trousers		afford
bäst	best	**hatt-en-ar**	hat
cigarett-en-er	cigarette	**hjälpa** (2)	to help
den/det/de	the	**i alla fall**	in any case
den/det/	that, those	**igår**	yesterday
de där		**i morse**	this morning
den/det/	this, these	**jättebra**	really good
de här		**kafé-t-er**	cafe
då	then	**kjol-en-ar**	skirt
expedit-en-er	shop	**klä sig** (3)	to get
	assistant		dressed
fattig	poor	**kläder** (*pl*)	clothes
följa (2)	to follow	**klänning**	dress, frock
för	for	-en-ar	
för... sedan	ago	**kolla** (1)	to check
genast	at once	**kopp-en-ar**	cup

kosta (1)	to cost	röka (2)	to smoke
krona-n-or	crown	sig	him/her/
kvalitet-en-er	quality		itself,
känna (2)	to know		themselves
	(people or	ske (3)	to happen
	places)	skjorta-n-or	shirt
känna sig (2)	to feel	sko-n-r	shoe
leka (2)	to play	skynda sig (1)	to hurry
	(as children	smutsig	dirty
	play)	storlek-en-ar	size
lyfta (2)	to lift	strumpa-n-or	stocking
lägga sig	to lie down,	strumpbyxor	tights
(4, imp	go to bed	(pl)	
lade)		stänga (2)	to close
lära sig (2)	to learn	stänga av (2)	to switch off
morgon-en,	morning	svart	black
morgnar		sy (3)	to sew
mycket	much	så snart (som)	as soon as
möjligen	possibly	sätta sig	to sit down
mössa-n-or	cap	(4, imp satte)	
möta (2)	to meet	ta (4, imp tog)	to take
par-et–	pair	träningssko	trainer
passa (1)	to fit	-n-r	
passa till (1)	to match	tröja-n-or	sweater
prova (1)	to try on	tvätta sig (1)	to wash
påse-n-ar	bag	tända (2)	to light
raka sig (1)	to shave	vindjacka-n-or	anorak
regnrock	raincoat	visa (1)	to show
-en-ar		växa (2)	to grow
restaurang	restaurant	älska (1)	to love
-en-er		överrock-en-ar	overcoat
röd	red		

Chapter 5

Chapter 5 covers:
- *asking and telling the time*
- *possessive adjectives/pronouns ('my/mine', etc.) and their form when used with nouns*
- *the imperfect tense of strong verbs*
- *when the definite article can be omitted*
- *relative pronouns ('who', 'that', 'which').*

---

34 Clock time

The usual ways of asking and telling the time are as follows:

Q: **Hur mycket är klockan?**	What's the time?
Vad är klockan?	
A: **Klockan är ett.**	It's one o'clock.
Den är ett.	

Den är kvart i ett.	It's quarter to one.
Den är kvart över ett.	It's quarter past one.

Den är tjugo (minuter) i ett.	It's twenty to one.
Den är tjugo (minuter) över ett.	It's twenty past one.

The half-hour works on the pattern of 'half on the way to', *not* 'half past':

Den är halv två.	It's half past one.
Den är halv tre.	It's half past two.

The times between twenty past the hour and twenty to the hour are a little more awkward in that they use the half-hour as their baseline:

Den är fem i halv två.	It's twenty-five past one.
Den är fem över halv två.	It's twenty-five to two.

To ask or answer at what time something happens use the following pattern:

Q: **Hur dags går tåget?**	At what time does the train go?
När går tåget?	When does the train go?
A: **Klockan ett.**	At one o'clock.
Klockan halv två.	At half past one.
Klockan kvart över ett.	At quarter past one.

The 24-hour clock is commonly used for official purposes, in which case the spoken pattern is as follows:

Klockan ett och trettio.	01.30
Klockan tretton noll fem.	13.05

Notice these written abbreviations:

kl. = **klockan** = o'clock
em. = **eftermiddag** = p.m. (afternoon)
fm. = **förmiddag** = a.m. (forenoon)

CONVERSATION 1

Ulla	**Goddag. När går tåget till Stockholm?**
	Hello. When does the train for Stockholm leave?
Biljettexpeditören	**Klockan femton och trettiofem.**
(Ticket clerk)	*Fifteen thirty-five.*
Ulla	**Hur dags kommer jag fram?**
	What time do I arrive?
Biljettexpeditören	**Klockan tjugo och tio.**
	Twenty ten.

75

Ulla	**Det är för sent. Jag vill komma fram senast klockan sju.**
	That is too late. I want to arrive at seven o'clock at the latest.
Biljettexpeditören	**Det går ett tåg tretton och fyrtio. Då är ni framme i Stockholm arton och femtio.**
	There is a train leaving at thirteen forty. Then you are in Stockholm at eighteen fifty.
Ulla	**Tack så mycket.**
	Thank you very much.

CONVERSATION 2

Carina	**Du Göran, ska vi gå på bio i kväll?**
	Göran, shall we go to the cinema this evening?
Göran	**När börjar filmen?**
	When does the film start?
Carina	**Halv åtta.**
	Half past seven.
Göran	**Det är för tidigt. Jag jobbar till kvart i sju idag.**
	It is too early. I am working until quarter to seven today.
Carina	**Det var synd. Hur länge jobbar du imorgon?**
	That's a pity. How long are you working tomorrow?
Göran	**Imorgon slutar jag tio minuter över sex.**
	Tomorrow I finish at ten past six.

35 Grammar and idioms in the conversations

You will find all the new words in these conversations in the vocabulary list at the end of the lesson.

(a) Notice the use of the verb **gå** with the meaning 'depart' here:

Tåget går kl. 5.	The train leaves at 5.
Bussen går kl. 10.	The bus leaves at 10.

Railway timetables list **avgående tåg** 'departures' and **ankommande tåg** 'arrivals'.

(b) 'To arrive': the two phrases **komma fram** and **vara framme** both mean 'to arrive' but they use different prepositions (**till** and **i**):

När kommer hon fram till Stockholm?
När är hon framme i Stockholm?
When does she arrive in Stockholm?

(c) Impersonal constructions such as **det går ett tåg kl. 13. 40** are very common in Swedish. In English this only occurs with the verb 'to be' e.g. 'there is a train at 13.40' whereas very many Swedish verbs may be used in this way:

Det kommer en buss snart.
There is a bus coming soon.

Det sitter en flicka i rummet.
There is a girl sitting in the room.

(d) **Du Göran!** The use of **du** to attract someone's attention is common and does not have the abruptness an English speaker might expect.

(e) **Det var synd** 'that's a pity'. Notice the use of the past tense. Swedish frequently uses the imperfect in exclamations of this sort:

Det var snällt!
That's kind!

Det var synd!
That's expensive!

Exercise 37

Give the Swedish for the following times:

(a) 1 13.25   5 10.05

    2 17.10   6 12.15

    3 01.40   7 18.55

    4 06.35   8 03.50

(b) 1 five past two   5 twenty-five past three

    2 half past twelve   6 quarter past seven

    3 quarter to eight   7 five to nine

    4 ten to eleven   8 twenty-five to four

---

36 Possessive adjectives and pronouns

The possessive adjectives are:

Singular	**min (mitt, mina)**	my
	din (ditt, dina)	your
	hans	his
	hennes	her
	dess	its
Plural	**vår (vårt, våra)**	our
	er (ert, era)	your
	deras	their

Note that **hans, hennes, dess** and **deras** do not have different forms for **Ett**-nouns and plurals, but **min, din, vår** and **er** do:

din bok	my book	hennes bil	her car
ditt hus	your house	hennes hus	her house
dina barn	your children	hennes kläder	her clothes

The possessive pronouns are identical to the possessive adjectives: this is unlike English, where a distinction is made between e.g. 'my' and 'mine', 'you' and 'yours'.

min bok	my book	Boken är min.	The book is mine.
ditt hus	your house	Huset är ditt.	The house is yours.

37 Possessive form of adjective + noun

We have already seen the indefinite and definite constructions of adjective + noun (Sections 22 and 29). When an adjective + noun construction is used after the possessive adjectives, the adjective will always use the **-a** form:

min svenska bil	my Swedish car
mitt svenska hus	my Swedish house
mina svenska böcker	my Swedish books

This pattern is also followed when the adjective + noun is preceded by a noun with the possessive **-s** (Section 19):

Jans svenska bil	Jan's Swedish car
pojkens svenska skidor	the boy's Swedish skis

Vocabulary (Exercises 38–41)

fot-en, fötter	foot
till salu	for sale
alltid	always

Exercise 38

Give the Swedish for:

1 His shirt is black.
2 Our students are young.
3 The shoes are mine.
4 Her hat is too big.
5 The books are ours.
6 The raincoat is hers.
7 Your (*pl*) house is old.
8 Their dog is white.
9 My feet are small.
10 It is her skirt.

Exercise 39

Give the Swedish for:

1 Do you want to buy their old clothes?
2 His little boy is watching ('looking at') TV.
3 Those books are mine and these books are yours.
4 I don't like her white dress.
5 Our old school was too small.
6 Can you see my red trousers?
7 The big room is hers and the small room is his.
8 I can't read their long letter today.
9 My green raincoat cost 100 crowns.
10 She looked at Göran's yellow anorak.
11 Where is the girl's new bicycle?
12 That woman's Swedish car is for sale.

38 'Ja' and 'jo'

To answer 'yes' to a positive question use **Ja**.

To answer 'yes' to a negative question use **Jo**.

Q:	**Är Anders hemma?**	A:	**Ja.**
	Is Anders at home?		Yes.
	Är Anders inte hemma?		**Jo.**
	Isn't Anders at home?		Yes (he is).
	Ska vi gå på bio?		**Ja.**
	Shall we go to the cinema?		Yes.
	Ska vi inte gå på bio?		**Jo.**
	Aren't we going to the cinema?		Yes (we are).

Drill 2

Respond with either **ja** *or* **jo** *to the following questions:*

1 Bor hon inte i Sverige?

2 Har du en svensk bil?

3 Är han inte student?

4 Studerar de inte svenska?

5 Är du hemma klockan 6?

6 Åker ni inte tåg till Lund?

7 Kan vi komma imorgon?

8 Vill hon inte köpa blusen?

39 The imperfect tense of strong verbs

Strong verbs are those verbs that form their past tenses by a change of vowel in the stem (see Section 26). The following are the most common vowel change patterns.

	Infinitive		*Present*	*Imperfect*
(a)	**skriva**	write	**skriver**	**skrev**
	bita	bite	**biter**	**bet**
(b)	**sjunga**	sing	**sjunger**	**sjöng**
	bjuda	offer	**bjuder**	**bjöd**
	supa	drink	**super**	**söp**
	suga	suck	**suger**	**sög**
(c)	**frysa**	freeze	**fryser**	**frös**
	flyga	fly	**flyger**	**flög**
(d)	**spring**	run	**springer**	**sprang**
	finna	find	**finner**	**fann**
(e)	**dra**	drag, pull	**drar**	**drog**
	ta	take	**tar**	**tog**
(f)	**svälta**	starve	**svälter**	**svalt**
	stjäla	steal	**stjäl**	**stal**

Note the irregularities in the imperfect of **dra, ta** and **stjäla**.

The **i** in Group (a) is long whereas the **i** in Group (d) is short. Remember the convention in Swedish spelling: a long vowel is followed by a single consonant whereas a short vowel is followed by two or more consonants.

Exercise 40

Give the imperfect forms of the following strong verbs:

1 **ljuga** tell a lie
2 **försvinna** disappear
3 **skina** shine
4 **njuta** enjoy
5 **tiga** be silent, say nothing
6 **duga** be suitable

7	**bryta** break	10	**riva** tear
8	**vinna** win	11	**fara** travel
9	**hinna** manage, have time	12	**bära** carry

40 Omitting the indefinite article

The indefinite article is not used in Swedish in a number of situations where it would be expected in English, such as:

(a) In simple statements of profession, nationality, religion or political and regional affiliation:

Bill är engelsman.
Bill is an Englishman.

Ulla är journalist.
Ulla is a journalist.

Lars är socialist.
Lars is a socialist.

Barbro är katolik.
Barbro is a Catholic.

Fredrik är stockholmare.
Fredrik is a Stockholmer.

However, if such statements are qualified by an adjective the indefinite article is used:

Han är en välkänd journalist.
He is a well-known journalist.

(b) When a singular noun is used in a general sense:

Har du bil?
Have you got a car?

Ja, jag har bil.
Yes, I've got a car.

Exercise 41

Give the Swedish for:

1   Karin wrote a long letter.
2   The sun shone and the weather was beautiful.
3   Olof was a teacher in Malmö.
4   The boys ran to the station.
5   She disappeared at half past six.
6   He was a socialist but now he is a Catholic.
7   Pär sang to (**för**) us.
8   They always sang when they drank.
9   The young Englishman was silent.
10 I wanted to come but I didn't have time.

41 Relative pronouns

By far the most common relative pronoun is **som** ('who', 'whom', 'which', 'that'). It covers both singular and plural and both subject and object.

Jag skrev till en flicka som bor i Lund.
    I wrote to a girl who lives in Lund.

Här är boken som jag köpte.
    Here is the book that I bought.

Wherever the relative pronoun may be left out in English it may normally also be left out in Swedish:

Här är boken jag köpte.
    Here is the book I bought.

Flickan jag älskar bor i Lund.
    The girl I love lives in Lund.

Never place a preposition in front of **som**. Use instead the 'hanging' preposition as in idiomatic English.

Flickan (som) jag skrev till.
The girl to whom I wrote/The girl (who) I wrote to.

The possessive of the relative pronoun is **vars** ('whose' – singular and plural) or **vilkas** ('whose' – plural only).

Mannen, vars hus brann ner, skrattade.
The man whose house burned down laughed.

When **vars/vilkas** is followed by an adjective, that adjective will take the **-a** form:

Där står mannen, vars stora hus brann ner.
There stands the man whose big house burned down.

In very formal written style **vilken (vilket, vilka)** will occasionally be met as a relative pronoun. It must agree in gender and number, and it may be preceded by a preposition.

Huset, till vilket de flyttade, var mycket gammalt.
The house to which they moved was very old.

It would be much more natural style these days to use the 'hanging' preposition:

Huset, som de flyttade till, var mycket gammalt.
The house that they moved to was very old.

When the relative pronoun refers back to the sense of a whole statement as opposed to a particular word **som** cannot be used. In such cases **vilket** (always the Ett-form) must be used.

Hon pratar för mycket, vilket är tröttsamt.
She talks too much, which is tiring.

Notice the use of **som** in the following idiomatic construction used for emphasis. It covers the situations where English would use 'He is (was) the one who...' or 'It is (was) him who...'.

Det är han som skriver romaner.
He's the one who writes novels.

Det var Gunilla som jobbade på banken.
It was Gunilla who worked at the bank.

Drill 3

Replace the simple statements with the idiomatic response as follows:

Han läser svenska.
Det är han som läser svenska.

1   Jan åker till Sverige.

2   Hon köpte böcker.

3   Pojken sprang hem.

4   Anna tycker om barn.

5   Jag kan komma imorgon.

6   Lars söp.

7   Vi gick på bio igår.

8   Han sjöng.

9   Hon vann.

10   Göran ljuger.

CONVERSATION

Expediten Hej, Anna! Det var länge sedan! Hur har du det nuförtiden?
Hello Anna! It's a long time since we met! How are things with you nowadays?

Anna Tack fint. Och du?
Fine, thanks. And you?

Expediten Tack, bara bra. Jag jobbar här nu. Men du...
Thanks, just fine. I work here now. But you...

Anna Jag bor i Göteborg nu, men jag är här därför att mamma är sjuk. Hon har influensa.
I live in Gothenburg now but I am here because Mum is ill. She has flu.

Expediten Så synd då! Hälsa henne så gott.
What a shame! Wish her all the best.

Anna Det ska jag göra. Hon är redan på bättringsvägen men jag ska stanna ett par dagar till.
I'll do that. She is already on the road to recovery but I'll stay a couple more days.

Expediten Vad får det vara förresten?
What can I do for you, by the way?

Anna Kan jag få Dagens Nyheter och ett skrivblock, tack.
Can I have the Daily News and a writing pad please?

Expediten Ja, varsågod. Något annat?
Yes, here you are. Anything else?

Anna Nej tack, det är bra så.
No, thank you, that's fine.

Expediten 7 kr. för tidningen och 24:50 för skrivblocket. Det blir 31:50.
7 crowns for the paper and 24:50 for the writing pad. That'll be 31:50.

Anna Varsågod.
Here you are.

Expediten Tack.
Thank you.

42 Grammar and idioms in the conversation

(a) The idiomatic use of **ha** in such phrases as **Hur har du det?** 'How are things with you?' is very common.

Jag har det bra nuförtiden.
Things are fine for me these days.
Ulla har det svårt just nu.
Ulla is having a bad time of it just now.
Ha det bra!
All the best! Keep well!

(b) **Hälsa** (literally 'to greet') is also used to send greetings as here. The verb with preposition **hälsa på** means 'to visit'.

Hälsa henne från mig!
Give her my best wishes!
Han hälsade på Gunilla när han var i Göteborg.
He visited Gunilla when he was in Gothenburg.

(c) A careful distinction has to be made between the use of **annan/annat/andra** ('other') and **...till** in statements such as:

Jag vill ha en kopp till.
I want another cup i.e. one more.
Jag vill ha en annan kopp.
I want another cup i.e a different cup.
Kan du stanna en dag till?
Can you stay another day i.e. one more?
Kan du komma en annan dag?
Can you come another day i.e. a different day?

Vocabulary to Chapter 5

alltid	always	framme (with	there (to
ankommande	arriving	vara)	have
annan (annat,	other, else		arrived
andra)			there)
avgående	departing	frysa (4)	to freeze, to
bara	only		be cold
bara bra	just fine	förmiddag-en-ar	forenoon
biljettexpeditör	ticket clerk	förresten	by the way,
-en-er			incidentally
bita (4)	to bite	försvinna (4)	to disappear
bjuda (4)	to offer	Göteborg	Gothenburg
bli (4 imp blev)	to become,	halv	half
	come to	hans	his
brinna (4)	to burn	hemma	at home
bryta (4)	to break	hennes	her/hers
bära (4)	to carry	hinna (4)	to have time,
bättringsväg	road to		to manage
	recovery	hur dags	at what time
börja (1)	to start,	hälsa (1)	to greet
	begin	hälsa på (1)	to visit
deras	their/theirs	i	to (with
dess	its		clock time)
din (ditt, dina)	your/yours	i kväll	this evening
	(sing)	influensa-n-or	influenza
dra (4 imp drog)	to drag, pull	jo	yes
duga (4)	to be suitable	journalist-en-er	journalist
eftermiddag-en	afternoon	just	just
-er		katolik-en-er	Catholic
engelsman-nen,	Englishman	klocka-n-or	clock, watch
män		klockan	o'clock
er (ert, era)	your/yours	kvart-en-er	quarter
	(pl)	ljuga (4)	to lie, tell lies
fara (4)	to travel	länge	long
finna (4)	to find	länge sedan	a long time
flyga (4)	to fly		ago
flytta (1)	to move	mamma-n-or	Mum
	house	min (mitt, mina)	my/mine
fot-en, fötter	foot	minut-en-er	minute
fram (with	there (to get	ner	down
komma)	there)	njuta (4)	to enjoy

89

nuförtiden	nowadays	**suga** (4)	to suck
nyheter	news	**supa** (4)	to drink
par-et–	couple		(alcohol)
prata (1)	to talk, chat	**svälta** (4)	to starve
redan	already	**synd**	shame, pity
riva (4)	to tear	**så**	what a …! (in
roman-en-er	novel		exclamations)
sen	late	**tidig**	early
senast	latest, at the	**tiga** (4)	to be silent
	latest	**till**	in addition,
sitta (4)	to sit		more
sjuk	ill	**till salu**	for sale
sjunga (4)	to sing	**tröttsam**	tiring, boring
skratta (1)	to laugh	**vars**	whose
skrivblock-et–	writing pad	**vilkas**	whose (*pl*)
sluta (1)	to finish	**vinna** (4)	to win
socialist-en-er	socialist	**vår (vårt,**	our/ours
stjäla (4 *imp*	to steal	**våra)**	
stal)		**välkänd**	well-known
stockholmare-en–	Stockholmer	**över**	over, past

Chapter 6

This chapter introduces:
* *conjunctions ('and', 'or', 'since', 'although', etc.) and their effect on word order*
* *the perfect and pluperfect tenses ('have done', 'had done') of weak and strong verbs*
* *a checklist of verb forms to help you learn them.*

43 Conjunctions

Conjunctions are words such as 'and', 'or', 'since', or 'while' that are used to link clauses together. Conjunctions do not cause inversion.

Co-ordinating conjunctions link main clauses (clauses which can stand alone as a sentence). Common co-ordinating conjunctions include:

eller	or
för	for
men	but
utan	but
och	and
så	so

Han skev ett brev och hon skrev en roman.
He wrote a letter and she wrote a novel.

De hade mycket pengar, så de köpte en stor bil.
They had a lot of money so they bought a big car.

Subordinating conjunctions link subordinate clauses to main clauses. (Subordinate clauses cannot stand alone as sentences.)

91

Common subordinating conjunctions include:

att	that
då	when, as, since
därför att	because
eftersom	as, since
fast, fastän	although
för att	in order to
förrän	before, until
innan	before
medan	while
när	when
om	if
sedan	after
så att	so that
tills	until
utan	but

Ni sade, att ni skulle komma imorgon.
You said that you would come tomorrow.

Hon kom inte, eftersom hon var sjuk.
She didn't come as she was ill.

Vi ska tala svenska, medan vi är i Sverige.
We shall speak Swedish while we are in Sweden.

Notice the following points about particular conjunctions.

Att may often be omitted (like 'that' in English):

Jag tror, (att) han kommer imorgon.
I think (that) he's coming tomorrow.

Innan is used where the main clause is positive:

Jag kände henne, innan jag kom till Sverige.
I knew her before I came to Sweden.

Förrän is used where the main clause is negative:

Jag kände henne inte, förrän jag kom till Sverige.
I didn't know her before I came to Sweden.

Utan is used only where the first clause is negative *and* the second clause contradicts it:

Han är inte gammal utan ung.
He is not old but young.

44 Word order in subordinate clauses

The distinction between main clauses and subordinate clauses is important for word order in Swedish. Subordinate clauses may be easily recognised by the fact that they are usually introduced by:

(a) a relative pronoun e.g. **som, vilken** (Section 41):

Jag känner hans son, som jobbar på banken.
I know his son who works at the bank.

(b) a question word e.g. **varför, hur** (Section 13) when used in reported speech:

Han frågade, varför jag älskade hans dotter.
He asked why I loved his daughter.

(c) a subordinating conjunction e.g. **att, när** (Section 43):

Vi vet, att svenska är ett lätt språk.
We know that Swedish is an easy language.

We have already seen that inversion can take place in main clauses in a number of circumstances (Section 8, 13, 16). In subordinate clauses, however, inversion never takes place and thus word order is always subject first, followed by verb:

MAIN	SUBORDINATE
Han talar med en flicka,	**som han träffade i Lund.**
He is talking to a girl	whom he met in Lund.

We have also learned that the normal position of adverbs in main clauses is after the verb or, where there is one, the auxiliary verb (Sections 16, 33). In subordinate clauses, however, a number of very common adverbs must stand in front of the verb or the auxiliary verb:

Main	**Deras barn tittar inte på TV.**
	Their children don't watch TV.
Subordinate	**De säger, att deras barn inte tittar på TV.**
	They say that their children don't watch TV.
Main	**Han ska inte läsa tidningen idag.**
	He is not going to read the paper today.
Subordinate	**Han säger, att han inte ska läsa tidningen idag.**
	He says that he is not going to read the paper today.

Among the adverbs that move in front of the verb in subordinate clauses are:

aldrig	never
alltid	always
bara	only
gärna	willingly
hellre	preferably
helst	most of all
inte	not
kanske	perhaps
möjligen	possibly
ofta	often
redan	already
snart	soon
sällan	seldom

Exercise 42

Start the following statements with the phrase **Han sade, att** *and adjust the word order accordingly:*

1 Han kunde inte förstå svenska.

2 Hon tyckte inte om honom.

3 De skulle gärna gå på bio.

4 Hon var kanske lite för gammal.

5 Biljetterna kostade ofta för mycket.

6 De köpte sällan sprit.

7 Lars ville hellre bo i Malmö.

8 Jag måste kanske studera i Sverige.

45 More about word order

We have seen that inversion must occur in certain circumstances in main clauses and that it never occurs in subordinate clauses. We can now add another situation in which inversion takes place in the main clause. If a subordinate clause comes before a main clause there will be inversion in the main clause:

Innan han läser tidingen, äter han frukost.
Before he reads the paper, he eats breakfast.

Om vi hade pengar, skulle vi äta en dyr middag.
If we had money, we would eat an expensive dinner.

Eftersom hon bantar, ska hon inte äta lunch.
Since she is slimming, she won't eat lunch.

Subject and verb are also inverted after direct speech or a quotation. (Swedish uses a dash rather than inverted commas to mark these.)

– Jag skulle vilja ha soppa, sade hon.
'I'd like to have soup', she said.

This is a good point at which to revise the various points about word order. Refer to Sections 8, 13, 15, 16, 17, 21, 33, 43, 44.

Exercise 43

Start the following sentences with the subordinate clause and adjust the word order accordingly:

1 De äter middag på en restaurang, eftersom de har pengar.
2 Vi bodde i Malmö, innan vi flyttade till Göteborg.
3 Hon träffade honom ofta, när hon gick på bio.
4 Jag vet, att du inte tycker om romaner.
5 Ni ska inte köpa nya kläder, medan ni är i Sverige.
6 Jag förstår inte, varför du jobbar så mycket.
7 Biljetten kostar bara 5 kr., om du åker buss.
8 Vi ska stanna hemma idag, eftersom det regnar.

Exercise 44

Give the Swedish for the following:

1 You must buy those new clothes before the shops close.
2 Berit is twelve years old but very small.
3 She talked too much while she was here.
4 We went to the theatre although the tickets were very expensive.
5 Open the door before you go in (**in**)!
6 I understand that he doesn't want to study Swedish.
7 The two men waited until the bus came.
8 She wants to write the letter before she talks to ('with') you.
9 I would buy a very big car if I had money.
10 Children are never happy (**glad**) when the sun isn't shining.

46 The perfect and pluperfect tenses of weak verbs

These compound past tenses (the English 'I have talked' and 'I had talked' forms) are formed by using the present or imperfect tense of **ha** + the supine. (The Swedish supine is equivalent to what is known as the past participle in most languages.) The supine is invariable. The supine ending, which is added to the stem of the infinitive, depends on the class of the verb:

	1	2	3
	-at	-t	-tt
Infinitive	servera	beställa	avsky
	to serve	to order	to detest
Supine	serverat	beställt	avskytt

Perfect:

Servitrisen har serverat lunch.
The waitress has served lunch.

Vi har beställt soppan.
We have ordered the soup.

Jan har alltid avskytt soppa.
Jan has always detested soup.

Pluperfect:

Berit hade rekommenderat restaurangen.
Berit had recommended the restaurant.

Hon hade beställt ett bord för tre.
She had ordered a table for three.

Vi hade inte trott henne.
We had not believed her.

Notice that the position of the simple adverbs such as **inte** and **aldrig** is the same as with the modal auxiliary verbs (21, 33).

47 The supine of strong verbs

We have seen that the strong verbs (Class 4) form their
tenses by changing the vowel in the stem. Their perfect and
pluperfect tenses are formed, as above, with **ha** but they
have a vowel change in the supine as well as adding the
unchangeable ending **-it**. We can, therefore, now complete
the pattern of vowel changes given in Section 39:

	Infinitive	*Present*	*Imperfect*	*Supine*
(a)	**sprida** spread	**sprider**	**spred**	**spridit**
(b)	**sjunka** sink	**sjunker**	**sjönk**	**sjunkit**
	hugga chop, cut	**hugger**	**högg**	**huggit**
(c)	**skryta** boast	**skryter**	**skröt**	**skrutit**
(d)	**brinna** burn	**brinner**	**brann**	**brunnit**
(e)	**fara** travel	**far**	**for**	**farit**
(f)	**skära** cut	**skär**	**skar**	**skurit**

Vårt nya hus har brunnit ner.
Our new house has burnt down.

Han var ledsen, därför att hans båt hade sjunkit.
He was sad because his boat had sunk.

When you meet a new strong verb it is best to learn the
vowel changes along with the meaning.

48 More about past tenses

There are many common irregular verbs, modal verbs, and
strong verbs with less frequent vowel change patterns than
those listed above. Make sure that you learn the parts of all
those we have met so far:

Infinitive		Present	Imperfect	Supine
bli	become	blir	blev	blivit
få	get	får	fick	fått
förstå	understand	förstår	förstod	förstått
gå	go	går	gick	gått
göra	do	gör	gjorde	gjort
ha	have	har	hade	haft
heta	be called	heter	hette	hetat
komma	come	kommer	kom	kommit
kunna	be able	kan	kunde	kunnat
lägga	lay, put	lägger	lade	lagt
–	must	måste	måste	måst
säga	say	säger	sade (sa)	sagt
sätta	set	sätter	satte	satt
se	see	ser	såg	sett
skola	will, shall	ska	skulle	skolat
ta	take	tar	tog	tagit
vara	be	är	var	varit
veta	know	vet	visste	vetat
vilja	want	vill	ville	velat
äta	eat	äter	åt	ätit

Exercise 45

Change the following sentences from present to perfect tense:

1 Jonas ser flickan i affären.

2 Han skryter om den nya bilen.

3 Jag förstår inte vad han säger.

4 Hon arbetar på en bank i staden.

5 De köper varma kläder till vintern.

Exercise 46

Change the following sentences from imperfect to pluperfect:

1 Eva parkerade bilen på en bred gata.
2 Hon visste inte att Johan var hemma.
3 De bodde i en liten lägenhet i Göteborg.
4 Man började servera lunch kl. 12.
5 Han lade böckerna på bordet och gick ut.

Exercise 47

Give the Swedish for:

1 Niklas has written many books.
2 Have you spoken to ('with') my daughter?
3 How had she come to Stockholm? She had travelled by train.
4 It was he who had done it.
5 She had seen many beautiful towns when she was young.

CONVERSATION

På restaurangen
At the restaurant

Anders **Goddag. Jag skulle vilja ha ett bord för två. Min fru kommer nog om ett par minuter. Skulle vi kunna få ett bord på terrassen?**

	Hello, I should like a table for two. My wife will probably be here in a couple of minutes. Would it be possible to get a table on the terrace?
Servitrisen	**Javisst, det går säkert bra. Men vi har inte börjat servera lunch än.**
	Yes, of course, that will certainly be all right. But we haven't started to serve lunch yet.
Anders	**Hurdags börjar ni servera då? Vi har lite bråttom.**
	At what time do you start serving then? We are in a bit of a hurry.
Servitrisen	**Vi börjar kvart i tolv.**
	We start at a quarter to twelve.
Anders	**Det är inte så farligt. Då kan vi väl vänta. Det är inte så långt till stationen, eller hur?**
	That's not so bad. We can easily wait, then. It's not far to the station, is it?
Servitrisen	**Nej, det är det inte. Stationen ligger precis om hörnet...Varsågod, den här vägen. Här har ni ett trevligt bord.**
	No, it isn't. The station is just around the corner... This way, please. Here is a nice table for you.
Anders	**Kan jag få se matsedeln, tack.**
	Can I see the menu, please?
Servitrisen	**Varsågod. Vad får det vara att dricka?**
	Here you are. What would you like to drink?
Anders	**Jag tar ett glas lättöl, tack. Var ligger toaletten, förresten?**
	I'll have a glass of light beer, please. Where is the toilet, by the way?
Servitrisen	**Den ligger därborta.**
	It's over there.

49 Grammar and idioms in the conversation

(a) **Det går säkert bra** 'that will certainly be all right'.
The verb **gå** has a number of idiomatic uses of this sort:

Går det bra att sitta här?
Is it all right to sit here?

(b) Idiomatic English uses frequent tag questions that are often repetitions based on part of the verb. Most such situations in Swedish are covered by using **eller hur**:

Han har två bilar, eller hur?
He has two cars, hasn't he?

Hon studerar engelska, eller hur?
She is studying English, isn't she?

(c) To describe where something is, Swedish much prefers **ligga** 'to lie, be situated' where English usually uses the verb 'to be':

Stockholm ligger i Sverige.
Stockholm is in Sweden.

Evas böcker ligger på bordet.
Eva's books are on the table.

Vocabulary to Chapter 6

banta (1)	to slim	**därborta**	over there
beställa (2)	to order	**eftersom**	as, since
bråttom (ha	to be in a	**eller hur**	is it, isn't
bråttom	hurry		it etc.
då	when, as,	**farlig**	dangerous,
	since		bad, serious

fast, fastän	although	**pengar** (*pl*)	money
fru-n-ar	wife	**precis**	precisely, just
frukost-en-ar	breakfast	**rekommendera**	to recommend
fråga (1)	to ask	**(1)**	
för	for, because	**sedan**	after
förrän	before, until	**servera** (1)	to serve
glas-et–	glass	**servitris-en-er**	waitress
gärna	willlingly	**sjunka** (4)	to sink
hellre	preferably	**skryta** (4)	to boast
helst	most of all	**son-en, söner**	son
hugga (4)	to chop, cut	**soppa-n-or**	soup
hörn-et–	corner	**språk-et–**	language
innan	before	**sprida** (4)	to spread
javisst	yes, of course	**så att**	so that
kanske	perhaps	**säkert**	certainly
ledsen	sad	**sällan**	seldom
ligga (4 låg,	to lie, be	**sätta** (4 sätter,	to set, put
legat)	situated	**satte, satt)**	
lunch-en-er	lunch	**terrass-en-er**	terrace
lång	far, long	**tills**	until
lägga (4 lägger,	to lay, put	**toalett-en-er**	toilet
lade, lagt)		**trevlig**	pleasant, nice
lättöl-et–	light (low	**träffa** (1)	to meet
	alcohol) beer	**ut**	out
matsedel-n,	menu	**utan**	but
sedlar		**veta** (*irreg* **vet,**	to know (facts)
medan	while	**visste, vetat)**	
middag-en-ar	dinner	**väg-en-ar**	way, road
nog	probably, I	**väl**	surely, I suppose
	imagine	**än**	yet
om	if	**äta** (4, **äter, åt,**	to eat
om	round, about, in	**ätit)**	
	(... time)		

Chapter 7

In chapter 7 you will learn:
- the present participle and other ways of translating the English '-ing' form
- the special reflexive pronoun that expresses 'his/her/their own'
- the future tense
- the conditional **skulle** ('would/should').

50 The present participle

The present participle in English is the '-ing' form of the verb as in 'running', 'loving', 'talking'. Its Swedish equivalent is very simple to form:

(a) Verbs with an infinitive ending in **-a** simply add **-nde**: **leka** 'to play', **lekande** 'playing'; **brinna** 'to burn', **brinnande** 'burning'.

(b) Verbs with an infinitive without **-a** add **-ende**: **slå** 'to strike', **slående** 'striking'; **stå** 'to stand', **stående** 'standing'.

The present participle in Swedish is most frequently used as an adjective:

Det gråtande barnet sprang hem.
The weeping child ran home.

Vi såg en fängslande film.
We saw a fascinating film.

When used as an adjective, the present participle never changes its form.

104

The present particple may also be used as an adverb:

Hon är en påfallande intelligent flicka.
She is a remarkably intelligent girl.
The adverb never changes its form.

The present participle may sometimes be used as a noun:

En studerande behöver läsa många böcker.
A student needs to read many books.

Hon har ett mycket vackert leende.
She has a very pretty smile.

Such nouns are **En**-nouns when they refer to people (plural –) and **Ett**-nouns when they refer to things or abstracts (with plural **-n**).

A number of common verbs have slightly irregular present participles which are based on a now outdated form of the infinitive:

be	to pray, ask	**bedjande**	praying
bli	to become	**blivande**	becoming
dra	to pull	**dragande**	pulling
ge	to give	**givande**	giving
ta	to take	**tagande**	taking

51 English '-ing' forms

The present participle in Swedish is used in many fewer situations than English '-ing' forms and is rarely used except as described above. (Remember that Swedish has no equivalent to the English continuous tenses.) The following guidelines will help you to select the correct Swedish construction where English has an '-ing'.

(a) Where the '-ing' form is used as a verb in a two-verb construction, Swedish will use two full verbs:

He sat reading the newspaper.
Han satt och läste tidningen.

They stood waiting for the bus.
De stod och väntade på bussen.

Exceptions to this only usually occcur with the verbs **komma, gå** and **bli:**

She came running but he remained sitting.
Hon kom springande men han blev sittande.

(b) Where the '-ing' form represents an abbreviated clause in English, Swedish will have a full clause:

I saw two boys (who were) playing in the garden.
Jag såg två pojkar som lekte i trädgården.

(c) Where the '-ing' form is used as a noun, Swedish will use **att** + infinitive:

Travelling in Sweden is very expensive.
Att resa i Sverige är mycket dyrt.

He loves skiing.
Han älskar att åka skidor.

It is quite normal to have a preposition before the **att** + infinitive:

They looked at each other without saying anything.
De tittade på varandra utan att säga någonting.

A following adjective that refers to such an **att** + infinitive construction takes the **ett**-form:

Att ljuga är dumt.
Lying is stupid.

Vocabulary

lyssna på (1)	to listen to
möbel-n, möbler	(piece of) furniture
spännande	exciting
motion-en	exercise
överraska (1)	to surprise
om	about
konst-en-er	art
i stället för	instead of
ringa till (2)	to telephone, ring
intresserad av	interested in
liv-et–	life
ordförande-n–	chairman
någonsin	ever
soldat-en-er	soldier
marschera (1)	to march
in i	into
brottslig	criminal
avskaffa (1)	to abolish
nuvarande	present
träd-et–	tree
sluta (1)	to stop

Exercise 48

Give the Swedish for the following:

1 She sat in the chair listening to the news.

2 They like buying old furniture.

3 Anders was reading an exciting new novel.

4 Skiing is very good exercise.

5 He knows surprisingly much about art.

6 We wrote a letter instead of ringing them.

7 She was very interested in hearing about my life.

8   The new chairman is very boring.

9   He never stops talking.

10 Have you ever heard a dog singing?

11 The soldiers came marching into the town.

12 Going by train without paying is criminal.

13 We must abolish the present system.

14 I can see many birds sitting in the tree.

15 She says that she doesn't like driving.

52 'Sin', 'sitt', 'sina'

Possessive adjectives and pronouns have already been discussed in Section 36. Swedish, however, also has special reflexive forms which are used for 'his', 'her', 'its' and 'their' in particular circumstances. In effect, they mean 'his own', 'her own', 'its own' and 'their own' and thus avoid the ambiguity in an English statement such as 'He kissed his wife'. (Whose wife?) Study the following examples:

Hon kysste sin man.
Ske kissed her (own) husband.

Hon kysste hennes man!
She kissed her (someone else's) husband.

De tycker inte om deras barn.
They don't like their (someone else's) children.

De tycker inte om sina barn.
They don't like their (own) children.

Han skickade ett brev till hans hem.
He sent a letter to his (someone else's) home.

Han skickade ett brev till sitt hem.
He sent a letter to his (own) home.

Sin (sitt, sina), like the reflexive pronoun sig (Section 31), refers back to the subject of the clause. It follows then that it never goes with the subject of the clause; 'his/her/its/their' with the subject of a clause will always be either hans, hennes, dess or deras.

Hans fru är otroligt snobbig.
His wife is unbelievably snobbish.

Fru Lindgren och hennes man längtar till Italien.
Mrs Lindgren and her husband long to go to Italy.

Eva tycker, att hennes man är tråkig.
Eva thinks that her husband is boring.

The form of sin depends on the number and gender of the noun it goes with:

Han gick hem till sin fru, sitt hus och sina barn.
He went home to his wife, his house and his children.

Vocabulary

lekkamrat-en-er	playmate
far, fadern, fäder	father
utsliten	worn out
födelsedag-en-ar	birthday
jaså	I see, oh really?
familj-en-er	family
ganska	quite, rather
rik	rich
åt	for (e.g. köpa åt)
så här	like this
snål	mean, miserly
resa (2)	to travel
kostym-en-er	lounge suit
sälja (4 säljer, sålde, sålt)	to sell
vän-nen-ner	friend
göra av med	to spend
släkting-en-ar	relation
lektion-en-er	lesson

komma ihåg (4 kommer, kom, kommit)	to remember
telefonnummer-numret–	telephone number
vecka-n-or	week

Exercise 49

Fill in the gaps with the correct words: **sin (sitt, sina)** *or* **hans, hennes, dess, deras.**

Eva och (1)... lekkamrat Johan vill köpa nya cyklar. De tycker, att (2)... cyklar är för gamla. Johan talar med (3).... far och säger:
–Evas far säger, att (4)... cykeln är för liten och utsliten. Nu ska Eva få en ny cykel till (5)... födelsedag.
–Jaså, säger Johans far, men (6)... familj är ganska rik. (7)... hus är stort och (8)... bilar är nya. Evas far har råd att köpa en ny cykel åt (9)... dotter. Så rik är inte jag. Men vi kan göra så här: när Eva har fått (10)... nya cykel, så ska jag köpa (11)... gamla cykel åt dig. Johan tycker, att (12)... far är snål.

Exercise 50

Give the Swedish for:

1 She and her husband travelled to Kiruna a couple of days ago.

2 He and his wife talked about their children.

3 The girl has forgotten her books.

4 He thinks that his suit is too old.

5 He has sold his boat to his friend.

6 His wife likes to spend money.

7 They boast about their rich relations.

8 She detests her teacher because his lessons are boring.

9 They can't remember her telephone number.

10 She writes to her daughter every week.

CONVERSATION

På biblioteket
At the library

Bo **Hejsan, Kristina! Jag hoppas att jag inte stör. Vad håller du på med? Du ser lite deppad ut.**
Hi there, Kristina! I hope I'm not disturbing (you). What are you working on? You look a bit depressed.

Kristina **Deppad, säger du! Jag är så arg. Skolan har just börjat efter sommarlovet och vi har en ny lärare. Han tycker att hans lektioner är jättebra men de är urdåliga. Och nu måste vi skriva en uppsats om sommarlovet till imorgon! Och så är det ju torsdag idag och på torsdagarna brukar jag gå på diskotek med Åke!**
Depressed, you say! I'm so angry. School has just started after the summer break and we have a new teacher. He thinks that his lessons are really good but they are awful. And now we have to write an essay for tomorrow about the summer break! It is, after all, Thursday today and on Thursdays I usally go to the disco with Åke!

> **Bo** Vem är Åke?
> *Who is Åke?*
>
> **Kristina** Det är min pojkvän. Åke Holm. Är han inte en
> släkting till dig, förresten?
> *He is my boyfriend. Åke Holm. Isn't he some sort of
> relation of yours, by the way?*
>
> **Bo** Jo, det är han, tyvärr. Jag ser honom inte så ofta.
> Är han inte lite för...
> *Yes, he is, unfortunately. I don't see him that often.
> Isn't he a little too...*
>
> **Kristina** Gammal! Du låter precis som pappa! Jag är ju
> sexton år. Man kan inte sitta inne och plugga
> hela tiden!
> *Old! You sound just like Dad! I am sixteen, after all.
> You can't sit indoors and swot the whole time!*
>
> **Bo** Förlåt, förlåt. Nu måste jag se om jag kan hitta
> några böcker och kassetter.
> *Sorry, sorry. Now I must see if I can find some books
> and cassettes.*

53 Grammar and idioms in the conversation

(a) **Jag hoppas** 'I hope'. This **-s** ending of a verb will be dealt with in Chapter 11.

(b) The verb **hålla** (literally 'to hold, keep') has many useful idiomatic uses. A few of them are as follows:

Hålla på med + noun or pronoun means 'to be busy with', 'to be working on':

Vad håller du på med nu?
What are you working on now?

Jag håller på med en uppsats.
I'm working on an essay.

Hålla på att + infinitive means 'to be in the process of'. This construction is often used to make up for the lack of an English-type continuous tense:

Hon håller på att läsa boken.
She is (in the process of) reading the book.

Hålla med (någon) om (något) means 'to agree with (someone) about (something)':

Vi håller med dig om det.
We agree with you about that.

(c) In the verb phrase **se . . . ut** ('to look, appear') the adjectives that describe how someone or something looks are placed between **se** and **ut**:

Han ser frisk och lycklig ut.
He looks healthy and happy.

(d) Like **jätte-,** which we have already met, the prefix **ur-** is very commonly attached to adjectives to strengthen them in slangy Swedish: **jättestor** ' really big', 'gigantic'; **urdum** 'utterly stupid'.

(e) **Bruka** + infinitive means 'to be in the habit of...' and is commonly used where English would have 'usually' or, in the imperfect tense, 'used to':

De brukade läsa böcker på kvällen men nu tittar de på TV.
They used to read books in the evening but now they watch TV.

(f) **Ju** is one of a number of small adverbs which are used very commonly in Swedish but are impossible to provide a simple English equivalent for. Study the following examples:

Du har ju aldrig träffat honom.
You've never met him, of course.

Han har ju studerat svenska.
He has, after all, studied Swedish.

Jag var ju yngre då.
I was, of course, younger then.

(g) **Det är min pojkvän.**
Do you remember this construction from Section 25b?

(h) Swedish uses the preposition **till** and the personal pronoun where English uses 'of' and the possessive pronoun in phrases such as:

en släkting till dig
a relation of yours

en vän till honom
a friend of his

(i) Notice the difference between Swedish and English in the matter of '... years old':

Hon är sexton år (gammal).
She is sixteen (years old).

54 The future tense

There are a number of ways of expressing future action in Swedish depending on the degree of 'intention' that is involved:

(a) Use the present tense usually together with an expression of future time (see Section 10):

Vi reser till England imorgon.
We are travelling to England tomorrow.

This is probably the most common form, especially to express unstressed future events.

(b) **komma att** + infinitive:

Jag kommer att bli lycklig men aldrig rik.
I shall be happy but never rich.

Komma att is making a forecast but one that has little to do with will or intention. It is thus particularly common when the subject is an impersonal one:

Det kommer att snöa imorgon.
It's going to snow tomorrow.

(c) **tänka** + infinitive:

Jag tänker köpa en ny bil imorgon.
I'm intending to buy a new car tomorrow.

(d) **ska** + infinitive (see Section 21):

Jag ska gå på bio imorgon.
I shall go to the cinema tomorrow.

This usually expresses a considerable degree of intention and English speakers (influenced by English 'shall/will') tend to over-use it. Notice, though, impersonal constructions of the type:

Det ska bli skönt att se henne.
It'll be nice to see her.

Det ska bli fest imorgon.
There's to be a party tomorrow.

55 The conditional

The conditional is formed by using **skulle** + infinitive. (**Skulle** is the imperfect of **skola**.) The conditional is, of course, most frequently used with 'if' clauses:

Om jag var rik, skulle jag resa till Paris.
   If I was rich, I would travel to Paris.

Very occasionally the older subjunctive form **vore** 'were' will be met:

Om jag vore mycket rik, skulle jag resa till Bali.
   If I were very rich, I should travel to Bali.

Skulle may also be used to express politeness or uncertainty:

Jag skulle vilja ha en kopp kaffe.
   I should like a cup of coffee.

Jag skulle inte tro honom.
   I shouldn't believe him.

Exercise 51

Give the Swedish for:

1 He would be happy if he had a son.

2 We're intending to sell our boat.

3 I shall swot tomorrow.

4 It's going to rain soon.

5 The boys are going to England tomorrow.

Vocabulary to Chapter 7

arg	angry	i stället för	instead of
avskaffa (1)	to abolish	in i	into
be (4 ber, bad, bett)	to pray, ask	inne	inside, indoors
behöva (2)	to need	intelligent	intelligent
brottslig	criminal	intresserad av	interested in
bruka (1)	to be in the habit of	Italien	Italy
deppad	depressed	jaså	I see, oh really?
diskotek-et–	discotheque	ju	after all, of course
efter	after		
England	England	kassett-en-er	cassette
familj-en-er	family	komma ihåg (4	to remember
far, fadern, fäder	father	kommer, kom, kommit)	
fest-en-er	party	konst-en-ar	art
frisk	healthy, fresh	kostym-en-er	lounge suit
fru	Mrs	kyssa (2)	to kiss
fängslande	fascinating	le (4 ler, log, lett)	to smile
födelsedag -en-ar	birthday	leende-t-n	smile
förlåt	sorry, excuse me	lekkamrat-en-er	playmate
		lektion-en-er	lesson
ganska	quite, rather	liv-et–	life
ge (4 ger, gav, givit)	to give	lycklig	happy, lucky
		lyssna på (1)	to listen to
gråta (gråter, grät, gråtit)	to weep, cry	låta (4 låter, lät, låtit)	to sound
göra av med	to spend	längta till (1)	to long to go to
hejsan	hi there!		
hitta (1)	to find	man-nen, män	husband
hoppas (1)	to hope	marschera (1)	to march
hålla (4, håller, höll, hållit)	to hold, keep	motion-en	exercise
		möbel-n, möbler	(piece of) furniture
hålla med	to agree with		
hålla på att	to be in the process of	nuvarande	present
		någonsin	ever
hålla på med	to be working on	någonting om	something about

ordförande-n–	chairman	spännande	exciting
otrolig	unbelievable	stå (4 står, stod,	to stand
pappa-n-or	dad	stått)	
plugga (1)	to swot	störa (2)	to disturb
pojkvän-nen	boyfriend	så här	like this
-ner		sälja (4 säljer,	to sell
precis	exactly	sålde, sålt)	
påfallande	remarkably	telefonnummer,	telephone
resa (2)	to travel	-numret, –	number
rik	rich	tid-en-er	time
ringa till (2)	to telephone,	torsdag-en-ar	Thursday
	ring	träd-et–	tree
se... ut (ser,	to look, appear	trädgård-en-ar	garden
såg, sett)		tycka (2)	to think
sin (sitt, sina)	his/her/its/	tyvärr	unfortunately
	their (own)	tänka (2)	to intend
skicka (1)	to send	uppsats-en-er	essay
sluta (1)	to stop	urdålig	really bad
slå (4 slår, slog,	to hit, strike	utan	without
slagit)		utsliten	worn out
släkting-en-ar	relation	varandra	each other
snobbig	snobbish	vecka-n-or	week
snål	mean, miserly	vore	'were'
soldat-en-er	soldier	vän-nen-ner	friend
som	like	yngre	younger
sommarlov-et–	summer	åt	for (e.g. köpa åt)
	holidays	överraska (1)	to surprise

Chapter 8

56 Ordinal numbers

The ordinal numbers do not change for gender.

första	first
andra	second
tredje	third
fjärde	fourth
femte	fifth
sjätte	sixth
sjunde	seventh
åttonde	eighth
nionde	ninth
tionde	tenth
elfte	eleventh
tolfte	twelfth
trettonde	thirteenth
fjortonde	fourteenth
femtonde	fifteenth
sextonde	sixteenth
sjuttonde	seventeenth
artonde	eighteenth
nittonde	nineteenth
tjugonde	twentieth

119

tjugoförsta (etc.)	twenty-first (etc.)
trettionde	thirtieth
trettioförsta (etc.)	thirty-first (etc.)
fyrtionde	fortieth
femtionde	fiftieth
sextionde	sixtieth
sjuttionde	seventieth
åttionde	eightieth
nittionde	ninetieth
hundrade	hundredth
tusende	thousandth
miljonte	millionth

57 Days

In Swedish the days of the week are not spelt with a capital letter. Nor are months and festivals, as you will see.

måndag	Monday
tisdag	Tuesday
onsday	Wednesday
torsdag	Thursday
fredag	Friday
lördag	Saturday
söndag	Sunday
i söndags (etc.)	last Sunday (etc.)
på söndagarna (etc.)	on Sundays (etc.)
på söndag (etc.)	next Sunday (etc.)
idag	today
igår	yesterday
i förrgår	the day before yesterday
imorgon	tomorrow
i övermorgon	the day after tomorrow

58 Parts of the day

morgon-en, morgnar	morning
förmiddag-en-ar	forenoon, morning
eftermiddag-en-ar	afternoon
kväll-en-ar	evening
natt-en, nätter	night

Past time is expressed as follows:

i morse	this morning (past)
i eftermiddags	this afternoon (past)
igår kväll	yesterday evening
i natt	last night

Habitual or general time is expressed as follows:

på morgonen (etc.)	in the morning (etc.)

The plural is also commonly used for habitual time:

på kvällarna (etc.)	in the evenings (etc.)

Present time is expressed by:

nu på morgonen	this morning
nu på eftermiddagen	this afternoon
i kväll	this evening
i natt	tonight

Future time is expressed by:

i eftermiddag	this afternoon (later)
i kväll	this evening (later)
i natt	tonight (later)
imorgon bitti	tomorrow morning

Parts of the day more distant from the present than these are dealt with quite simply by a combination of day and part of day as follows:

121

| i måndags kväll | last Monday evening |
| på lördag kväll | next Saturday evening |

59 Weeks, months and years

januari	January
februari	February
mars	March
april	April
maj	May
juni	June
juli	July
augusti	August
september	September
oktober	October
november	November
december	December

With the months, the preposition **i** expresses all possibilities of past, habitual, present and future time; **i januari** can thus mean 'last January', 'generally in January', 'this January' or 'next January'. The context, especially the tense of the verb, will demonstrate which is intended. (This might seem awkward but the English 'in January' can be used in exactly the same way.)

i fjol	last year
förra året	last year
i år	this year
nästa år	next year
vecka-n-or	week
förra veckan	last week
denna vecka/den här veckan	this week
nästa vecka	next week

Notice that **denna** (or **detta** for **Ett**-nouns) 'this', **dessa** 'these' does not take an end-article. It thus differs from **den här**.

60 Seasons and festivals

vår-en-ar	spring
sommar-en, somrar	summer
höst-en-ar	autumn
vinter-n, vintrar	winter
jul-en-ar	Christmas
påsk-en-ar	Easter
pingst-en-ar	Whitsun

Present time with the seasons and festivals is expressed by using the preposition **i**:

i vår (etc.)   this spring (etc.)

Habitual or general time is expressed with the preposition **på** as follows:

på hösten (etc.)   in the autumn (etc.)

The plural is also commonly used with habitual time:

på höstarna (etc.)   in autumn (etc.)

Future time is expressed by using either the preposition **i** or **nästa** 'next':

i vår (etc.)   next spring (etc.)
nästa vår (etc.)   next spring (etc.)

Past time is expressed by using the preposition **i** and the suffix **-as**:

i julas (etc.)   last Christmas (etc.)

(Notice the slight spelling change in **i somras och i vintras**.) Past time may also be expressed with **förra** together with the end article:

förra julen (etc.)   last Christmas (etc.)

61 Dates

The ordinal numbers (usually written as figures but pronounced as ordinals) preceded by **den** are used for the day of the month in dates:

den 6 (sjätte) juli   the sixth of July

If the name of the day is also mentioned it will take the end-article:

måndagen den 6 juli   Monday, the sixth of July

The year is written as a numeral and spoken according to the following pattern:

| 1966 | **nittonhundrasextiosex** |
| 1857 | **artonhundrafemtiosju** |

Notice that, unlike English, Swedish does not miss out the word 'hundred'. The useful suffix -**talet** is used to express decades or centuries:

1990-talet (nittonhundranittiotalet)	the 1990s
80-talet (åttiotalet)	the 80s
1900-talet (nittonhundratalet)	the 20th century
1800-talet (artonhundratalet)	the 19th century

Make sure that you are familiar with the last two examples in particular: Swedish always uses the pattern 'the nineteen hundreds', 'the eighteen hundreds' to describe centuries.

Exercise 52

Write out fully in Swedish words the following ordinal numbers and dates:

1 64th

2 27th

3 3.5.1989

4 11th

5 the 16th century

6 1827

7	the 30s	10	Thursday, the 12th
8	Friday, 22nd July	11	1743
9	132nd	12	the 1870s

62 Prepositions of time

In addition to the various prepositional expressions of time given above, study and learn the following uses:

efter after

Han kom efter klockan 8.
He came after 8 o'clock.

från from

Boken är från 1800-talet.
The book is from the 19th century.

före before

Jag ska ringa före klockan 10.
I'll ring before 10 o'clock.

i for, per

This preposition has a number of uses but in expressions of time it does not correspond to English 'in'. Its most common use is to cover English 'for', i.e. duration of time:

Hon hade bott där i fem år.
She had lived there for five years.

In this sense, it is often omitted:

Hon hade bott där fem år.

In the following situations where English does not normally have a preposition (though we might sometimes use 'per') **i** is used in Swedish:

125

en gång i sekunden	once a second
två gånger i månaden	twice a month
150 kilometer i timmen	150 kilometres an hour

There are two exceptions:

en gång om dagen	once a day
en gång om året	once a year

om in (... time)
Where English 'in' can be more fully stated as 'in... time',
i.e. meaning 'at the end of a stated duration of time':

Han åker hem om en vecka.
He's going home in a week('s time).

De kommer om en timme.
They are coming in an hour('s time).

på for, in
På is equivalent to English 'for' in negative clauses:

Vi har inte sett dem på femton år.
We haven't seen them for fifteen years.

På is equivalent to English 'in' in expressions like:

Han läste hela boken på en timme.
He read the whole book in an hour.

Vi kan komma dit på några timmar.
We can get there in a couple of hours.

På is equivalent to English 'in' with the **-talet** expressions
mentioned in Section 61:

på sjuttonhundratalet
in the 18th century

till to, until, for
Till is equivalent to English 'to/until' in expressions such as:

Från den andra till den sjätte september.
From the second to the sixth of September.

Till is equivalent to English 'for' in expressions such as:

126

Han ska vara hemma till jul.
He'll be at home for Christmas.

Jag har köpt biljetter till i kväll.
I've bought tickets for tonight.

under during

Han var i Norge under kriget.
He was in Norway during the war.

vid at

Hon blev statsminister vid 50 års ålder.
She became prime minister at 50 years of age.

Remember that Swedish has no equivalent to 'at' with clock time:

Vi ska äta middag klockan 6.
We shall have dinner at 6 o'clock.

Nor does Swedish have a preposition before specific dates of days or years:

De kom till Sverige den 3 september.
They came to Sweden on the 3rd of September.

Hon studerade i England 1957.
She studied in England in 1957.

Vocabulary

kär	dear
Kära...!	Dear...!
Skottland	Scotland
förfärlig	dreadful
språkkurs-en-er	language course
givande	worthwhile, rewarding
vandra (1)	to hike, wander
fjäll-et–	mountain
följa med (2)	to go along, accompany
kompis-en-ar	friend, mate
kram-en-ar	hug

Exercise 53

*Give the Swedish for the phrases in italics in the
following letter:*

Edinburgh (1) 23rd July 1992

Kära mamma och pappa!
   Nu har jag varit i Skottland (2) *for three weeks* och allt
går bra. Men vädret är förfärligt – det är faktiskt ganska
kallt här (3) *in the summer*. Språkkursen i Edinburgh är
mycket givande men den slutar (4) *next week*.
   (5) *Last Sunday* hälsade jag på Era vänner Karin och
Karl Lundgren. Lundgrens flyttade hit (6) *fifteen years ago*
och de säger att de inte har varit i Sverige (7) *for four
years*. De vandrar ofta i fjällen och jag tänker följa med
(8) *next Saturday*.
   Nu måste jag skynda mig. Jag ska träffa några
kompisar (9) *before 6 o'clock* och vi ska gå på bio – jag
har varit på bio (10) *twice a week* sedan jag kom hit.
   Jag åker hem (11) *in two weeks' time*.
Stor kram
Eva.

63 Letter writing

Notice the sender's address. The full address is given on the
reverse of the envelope and just the town and date at the top
of the letter.

Kära...! Dear...! is used for friends and relations and the
name is followed by an exclamation mark: **Kära Eva! Kära
Jan! Kära Eva och Jan!** You will still meet the form **Käre!**
applied to a man in the singular: **Käre Jan!**

Very informal letters may start with **Hej!** with or without the
name: **Hej Eva!**

There is no equivalent to a formal 'Dear Sir...'. Business or formal letters go straight into the text without any introduction.

Era vänner... **Du, Dig, Din/Ditt/Dina, Ni, Er, Er/Ert/Era** are often given capitals in letters.

At the close of letters **Kram** is the equivalent of 'Love'. **Hälsningar** or **Hjärtliga hälsningar** ('Greetings' or 'Sincere greetings') are also usual in informal letters. Business and formal letters end with **Med vänlig hälsning** ('With a friendly greeting').

Notice the use of **Lundgrens** ('the Lundgrens' or 'the Lundgren family'). There is no definite article:

Jag bor hos Lundgrens.
I am living with the Lundgrens.

CONVERSATION

Hos polisen
At the police (station)

Polisen	**Vad heter ni?**
	What are you called?
Ingrid	**Ingrid Karlsson.**
Polisen	**När är ni född?**
	When were you born?
Ingrid	**Den 22 mars 1967.**
	22nd of March 1967.
Polisen	**När kom ni hit?**
	When did you come here?
Ingrid	**I höstas.**
	Last autumn.
Polisen	**Var bodde ni förut?**
	Where did you live before?
Ingrid	**I Göteborg. Jag bodde där i sju år.**
	In Gothenburg. I lived there for seven years.

Polisen	**Var var ni den andra juni?**
	Where were you on the 2nd of June?
Ingrid	**Vilken veckodag var det?**
	Which day of the week was that?
Polisen	**Det var lördagen den andra juni. I lördags.**
	It was Saturday the 2nd of June. Last Saturday.
Ingrid	**Hur dags?**
	At what time?
Polisen	**Hela dagen.**
	The whole day.
Ingrid	**Jag var hemma på morgonen...**
	I was at home in the morning...
Polisen	**Och på eftermiddagen?**
	And in the afternoon?
Ingrid	**Då var jag också hemma.**
	I was also at home then.
Polisen	**Var ni hemma på kvällen också?**
	Were you also at home in the evening?
Ingrid	**Nej. Jag var ute och dansade med Kalle.**
	No. I was out dancing with Kalle.
Polisen	**Vem är Kalle?**
	Who is Kalle?
Ingrid	**Det är min pojkvän. Vi ska gifta oss nästa år.**
	He is my boyfriend. We are getting married next year.
Polisen	**Jaså. Hur ofta träffar ni Kalle?**
	I see. How often do you meet Kalle?
Ingrid	**Två gånger i veckan. På onsdagar och på lördagar.**
	Twice a week. On Wednesdays and on Saturdays.
Polisen	**När träffade ni Kalle senast?**
	When did you last meet Kalle?
Ingrid	**I förrgår. Onsdagen den sjätte juni.**
	Yesterday. Wednesday, the sixth of June.

64 Grammar and idioms in the conversation

(a) **Hos** is equivalent to 'chez' in French or 'bei' in German and is usually translated into English as 'at...'s house/place' or 'with':

Vi var hos Eva igår.
We were at Eva's place yesterday.

Hon var hos tandläkaren igår.
She was at the dentist's yesterday.

Other examples of its use are as follows:

Felet ligger hos honom.
The fault lies with him.

Man kan läsa om detta hos Shakespeare.
You can read about this in Shakespeare.

(b) Notice the construction with **född** 'born':

Jag är född 1942.
I was born in 1942.

Napoleon föddes 1769.
Napoleon was born in 1769.

If the person referred to is alive, use the present tense; if the person is dead, use the imperfect (the s-ending will be dealt with in Lesson 11).

(c) Many Swedish adverbs of place have different forms depending on whether they express location, motion towards or motion away from. The same distinction is still sometimes found in English e.g. 'here', 'hither', 'hence'.

Location	Motion to	Motion from
här here	**hit** hither	**härifrån** hence
där there	**dit** thither	**därifrån** thence
hemma at home	**hem** (to) home	**hemifrån** from home

(d) When used in the definite form, **hel** 'whole' does not take a double definite article but the end article must still be suffixed. Other adjectives that behave in the same way are **halva** 'half', **förra** 'last', **båda** 'both':

Jag var där hela dagen.
I was there the whole day.

Han har läst halva boken.
He has read half the book.

Båda flickorna kan simma.
Both the girls can swim.

Exercise 54

Give the Swedish for:

1 I shall be in Sweden from the tenth to the fifteenth of October.

2 He drank coffee eight times a day.

3 Ingrid hasn't lived in Gothenburg for two years.

4 Göran worked as (**som**) a journalist for ten months.

5 They were sad that they had to go home in a week.

6 The soldiers marched there in four hours.

7 Eva and Jan will get married next week.

8 We spent too much money last Christmas.

9 He sold his car last Tuesday evening.

10   Tuesday, January 4th was a big day in his life.

11   Karin was born in 1983.

12   Tage Erlander was prime minister in the 1960s.

13   We can read this newspaper in five minutes.

14   They want to buy tickets for tomorrow evening.

15   Kristina likes to sit in the garden in the morning.

Vocabulary to Chapter 8

andra	second	**före**	before (*prep*)
april	April	**förfärlig**	dreadful
artonde	eighteenth	**förra**	last
augusti	August	**första**	first
båda	both	**förut**	before (*adv*)
dansa (1)	to dance	**givande**	worth-
december	December		while,
denna (detta,	this, these		rewarding
dessa)		**hemifrån**	from home
dit	there	**hit**	here
	(motion	**hjärtlig**	sincere
	to)	**hos**	at, with,
därifrån	from there		at the
elfte	eleventh		house of
februari	February	**hundrade**	hundredth
fel-et–	mistake,	**hälsning**	greeting
	fault	**-en-ar**	
femte	fifth	**härifrån**	from here
femtionde	fiftieth	**i**	for, per (*prep*
femtonde	fifteenth		time)
fjortonde	fourteenth	**i eftermiddag**	this
fjäll-et–	mountain		afternoon
fjärde	fourth		(later)
fyrtionde	fortieth	**i eftermiddags**	this
född	born		afternoon
följa med (2)	to go along,		(past)
	accompany	**i fjol**	last year

i förrgår	the day before yesterday	**senast**	last, most recently
igår kväll	yesterday evening	**september**	September
		sextionde	sixtieth
imorgon bitti	tomorrow morning	**sextonde**	sixteenth
		sjunde	seventh
i natt	last night, tonight	**sjuttionde**	seventieth
		sjuttonde	seventeenth
i år	this year	**sjätte**	sixth
i övermorgon	the day after tomorrow	**Skottland**	Scotland
		språkkurs	language
juli	July	**-en-er**	course
kilometer-n–	kilometre	**statsmi-**	prime
kompis-en-ar	friend, mate (slangy)	**nister-n, ministrar**	minister
kram-en-ar	hug	**tandläkare-n–**	dentist
krig-et–	war	**timme-n-ar**	hour
kär	dear	**tionde**	tenth
Kära	Dear	**tisdag**	Tuesday
lördag	Saturday	**tjugoförsta**	twenty-
maj	May	**(etc.)**	first (etc.)
mars	March	**tjugonde**	twentieth
miljonte	millionth	**tolfte**	twelfth
natt-en, nätter	night	**tredje**	third
nionde	ninth	**trettionde**	thirtieth
nittionde	ninetieth	**trettonde**	thirteenth
nittonde	nineteenth	**tusende**	thousandth
Norge	Norway	**under**	during
november	November	**ute**	out
några	a couple of, a few	**vandra (1)**	to wander, hike
nästa	next	**veckodag**	day of the
oktober	October	**-en-ar**	week
onsdag	Wednesday	**vår-en-ar**	spring
pingst-en-ar	Whitsun	**vänlig**	friendly, kind
polis-en-er	police, policeman	**ålder-n, åldrar**	age
		åttionde	eightieth
på	for, in	**åttonde**	eighth
sekund -en-ar	second		

Chapter 9

In this chapter you will learn:
- *how to say 'someone', 'anyone' and 'no one' and related words*
- *how adverbs can be formed from adjectives*
- *how to talk about the points of the compass*
- *how the comparative ('better/more ...') and superlative ('best/most ...') of adjectives and adverbs are formed*
- *when to use* **att** *or* **för att** *with the infinitive.*

---

65 'Någon, något, några' and 'ingen, inget, inga'

The words **någon** (**något, några**) 'some', 'someone', 'something', 'any', 'anyone', 'anything' and **ingen** (**inget, inga**) 'no', 'no one', 'none', 'nothing', may be either adjectives (that is, they go with a noun) or pronouns (that is, they stand in place of a noun). As adjectives they must, of course, agree with the gender and number of the noun they go with; as pronouns they will have 'natural' gender – that is, 'someone' will be **en**-form and 'something' will be **ett**-form.

Pronouns

Ingen lyssnade på honom.
No one listened to him.

Någon har stulit min bil.
Someone has stolen my car.

Hörde du något?
Did you hear something?

Adjectives

Har du inga kläder?
Haven't you any clothes?

Han visade mig några gamla foton.
He showed me some old photos.

Vi har inget bröd hemma.
We have no bread at home.

There are also the words **någonting** 'something', 'anything', **ingenting** 'nothing', **någonstans** 'somewhere', 'anywhere' and **'ingenstans** 'nowhere':

Någonting hände men jag såg ingenting.
Something happened but I saw nothing.

Han sitter någonstans men jag ser honom ingenstans.
He is sitting somewhere but I don't see him anywhere.

In normal speech the forms of **någon** are pronounced **nån (någon), nåt (något), nåra (några), nånting (någonting)** and **nånstans (någonstans)**. These forms sometimes appear in very colloquial writing.

Remember (Section 22) that **någon** and **ingen** etc. are followed by the indefinite form of the adjective.

Finally, a word of caution: when the English 'some' actually means 'a little', 'a piece of', 'a drop of' and the like, the normal Swedish is the unchangeable word **lite:**

Vill du ha lite vin? Nej, tack, men jag kanske kan få lite vatten?
Would you like some wine? No thanks, but perhaps I can have some water?

66 'Inte någon', etc.

There are two sets of circumstances in which **ingen/inget/ inga/ingenting/ingenstans** cannot be used and **inte någon/ något/några/någonting/någonstans** must be used instead. These situations are:

(a) When 'no one', 'nothing' etc. is the object of a compound tense (the perfect, pluperfect or modal auxiliary + infinitive) in a main clause:

Han säger ingenting.	He says nothing.
BUT	
Han har inte sagt någonting.	He hasn't said anything.

Vi köpte inga kläder.	We didn't buy any clothes.
BUT	
Vi ska inte köpa några kläder.	We shan't buy any clothes.

(b) When 'no one', 'nothing' etc. is the object in a subordinate clause irrespective of the tense:

Han sade att han inte hade sett någon.
He said that he hadn't seen anyone.

De säger att de inte ska köpa några nya kläder.
They say that they won't buy any new clothes.

Han säger att boken inte ligger någonstans i rummet.
He says that the book isn't anywhere in the room.

Vocabulary

intressant	interesting
London	London
hända (2)	to happen
öl-et	beer

137

Exercise 55

Give the Swedish for:

1   I saw some interesting films in London.

2   No one saw him but someone must have heard him.

3   Nothing happens in this town.

4   She has not met anyone in Gothenburg.

5   We must do something before she comes.

6   Jonas will not buy any cassettes this week.

7   He says that he hasn't stolen any cars.

8   She said that she had nothing in the house.

9   I don't want to go anywhere today.

10 He didn't want to meet any new friends.

11 I would like some bread and some beer.

12 No intelligent woman believes it.

67 Formation of adverbs

We have already met (in Sections 33 and 44, and elsewhere) many simple adverbs such as **inte, aldrig, alltid, ofta, nu, snart, förr** ('before'). There are many more. Remember that adverbs never change their form.

(a) Many other adverbs may easily be created from adjectives by adding **-t** to the **En**-form of the adjective. Such adverbs will consequently have exactly the same form as the **Ett**-form of the adjective (see Sections 22 and 23):

dålig bad	**dåligt** badly
varm warm	**varmt** warmly

knapp scarce	**knappt** scarcely
vacker beautiful	**vackert** beautifully
ovanlig unusual	**ovanligt** unusually

Boken är ovanligt intressant.
The book is unusually interesting.

Han kysste henne knappt.
He hardly kissed her.

(b) A small number of the adjectives that end in **-lig** can also form adverbs either by adding **-en** to the **En**-form or **-vis** to the **Ett**-form of the adjective:

möjlig possible	**möjligen** possibly
trolig probable	**troligen** probably
naturlig natural	**naturligtvis** naturally, of course
lycklig fortunate	**lyckligtvis** fortunately

These adverbs in **-en** and **-vis** are not identical in use and meaning to those ending in **-t**. The adverbs in **-en** and **-vis** are clausal adverbs, i.e. they modify the meaning of the whole clause in which they occur:

Troligen kommer han till Stockholm imorgon.
He is probably coming to Stockholm tomorrow.

The adverbs in **-t**, however, are adverbs of manner, place, time, cause or degree and only modify one element in the clause:

Hon har en ovanligt vacker röst.
She has an unusually beautiful voice.

(c) We have already noticed (Section 64c) that some adverbs have different forms for location and motion. Here are further examples:

Location	*Motion to*	*Motion from*
var	**vart**	**varifrån**
where	whither, where to	from where

borta	bort	bortifrån
away	away	from away
framme	**fram**	**framifrån**
at the front	forward, to the front	from the front
inne	**in**	**inifrån**
inside	in(wards)	from inside
nere	**ner**	**nerifrån**
down	down(wards)	from below
uppe	**upp**	**uppifrån**
up	up(wards)	from above
ute	**ut**	**utifrån**
out, outside	out(wards)	from outside

68 Compass directions

A number of very useful patterns can be made using the compass directions **norr** 'north', **söder** 'south', **öster** 'east' and **väster** 'west'.

(a) **i norr** in the north   **i söder** in the south
    i öster in the east   **i väster** in the west

    Kiruna ligger i norr och Malmö ligger i söder.
       Kiruna lies in the north and Malmö lies in the south.

(b) **norr om** north of   **söder om** south of
    öster om east of   **väster om** west of

    Uppsala ligger norr om Stockholm.
       Uppsala lies north of Stockholm.

(c) **norrut**   northwards, to the north
    söderut   southwards, to the south
    österut   eastwards, to the east
    västerut   westwards, to the west

    Från Arvidsjaur cyklade vi norrut mot polcirkeln.
       From Arvidsjaur we cycled northwards towards the Arctic Circle.

(d) **norrifrån**   from the north
    söderifrån   from the south
    österifrån   from the east
    västerifrån   from the west

    De väntade på tåget norrifrån.
    They were waiting for the train from the north.

(e) The adjectival forms of the compass directions are **norra** 'northern', **södra** 'southern', **östra** 'eastern', **västra** 'western':

    Hur länge har han bott i norra Sverige?
    How long has he lived in northern Sweden?

    The prefixes **nord-, syd-, öst-, väst-** may also be used:

    Lund ligger i Sydsverige.
    Lund lies in southern Sweden.

    Malmö är en sydsvensk stad.
    Malmö is a southern Swedish town.

    These prefixes are used to form the intermediate points of the compass: **nordvästra** 'north-western' etc.

(f) Although **norr, söder, väster** and **öster** are in fact nouns, they cannot be used except as described above.
Expressions such as the English 'The North is beautiful' must be rephrased:

    Landets norra del är vacker.
    The northern part of the country is beautiful.

Exercise 56

Give the Swedish for:

1 Gävle lies south of Söderhamn but north of Uppsala.
2 He has been indoors all day but now he is out.

3 It is probably a very bad book.

4 It has been an unusually warm day today.

5 The forests in western and northern Sweden are really big.

6 Fortunately we had already bought tickets.

7 Her young daughter dances beautifully.

8 I don't like driving south when the sun is shining.

9 They drank coffee out in the garden.

10 Where are you cycling to this evening?

69 Comparative and superlative of adjectives

(a) The most common way of comparing adjectives in Swedish is by adding the ending **-are** for the comparative or **-ast** for the superlative to the **en**-form of the adjective:

fin fine   **finare** finer   **finast** finest
glad happy   **gladare** happier   **gladast** happiest
billig cheap   **billigare** cheaper **billigast** cheapest

Note that adjectives whose basic form ends in **-er, -el** or **-en** will lose the **-e**:

enkel simple **enklare** simpler   **enklast** simplest

(b) A small number of very common adjectives have a vowel change and add the endings **-re** or **-st**:

låg low   **lägre**   **lägst**
lång long   **längre**   **längst**
trång narrow   **trängre**   **trängst**

få few	**färre**	–
ung young	**yngre**	**yngst**
tung heavy	**tyngre**	**tyngst**
stor big	**större**	**störst**
grov coarse	**grövre**	**grövst**
hög high	**högre**	**högst**

(c) As in English, a very small number of adjectives have
completely irregular comparisions:

god/bra	**bättre**	**bäst**
good	better	best
gammal	**äldre**	**äldst**
old	older	oldest
liten/lite(t)	**mindre**	**minst**
small/little	smaller/less	smallest/least
dålig	**sämre**	**sämst**
bad	worse	worst
dålig/ond	**värre**	**värst**
bad	worse	worst
många	**fler**	**flest**
many	more	most
mycket	**mer**	**mest**
much	more	most

The distinction between the comparisons of **dålig** will
be dealt with in Section 70.

(d) A large number of adjectives (but of limited variety)
form comparatives and superlatives with **mer** and **mest**:

typisk	**mer typisk**	**mest typisk**
typical	more typical	most typical

To this group belong all adjectives that have the ending
-**isk**, all present participles (**spännande, mer s
spännande, mest spännande** 'exciting', 'more exciting',
'most exciting') and all past participles (**intresserad, mer
intresserad, mest intresserad** 'interested', 'more
'interested', 'most interested'). Present participles have
been dealt with in Section 50 and past participles will be
met in Section 85.

70 Comments on the comparative and superlative

(a) The comparatives ending in **-are** and **-re** never change their forms:

en finare bil	**den finare bilen**	**finare bilar**
a nicer car	the nicer car	nicer cars

(b) The superlatives ending in **-ast** and **-st** only add endings when the adjective stands in front of the noun in the definite form:

den finaste bilen	**det finaste huset**	**de finaste husen**
the nicest car	the nicest house	the nicest houses
den största bilen	**det största huset**	**de största husen**
the biggest car	the biggest house	the biggest houses

Note that the **-ast** forms add **-e** whereas the **-st** forms add **-a**.

In all other circumstances there is no ending:

De stora husen är finast. The big houses are nicest.

(c) Adjectives that form the comparative and superlative with **mer** and **mest** will, of course, take their normal adjectival endings.

(d) There is a difference in use between **dålig, sämre, sämst** and **dålig, värre, värst**. **Sämre, sämst** imply there is less of some good quality whereas **värre, värst** imply there is more of some bad quality:

Göran är den sämsta studenten.
Göran is the worst (i.e. least competent) student.
Brita är den värsta studenten.
Brita is the worst (i.e. most badly behaved) student.

(e) **Mer** and **mest** are used to express amount whereas **fler** and **flest** are used to express number:

Fler studenter studerar tyska än svenska.
More students study German than Swedish.
Hon dricker mer kaffe än jag.
She drinks more coffee than me/I (do).

(f) Notice the use of **än** 'than' in the last two examples. A personal pronoun following **än** will always be in the subject form if it could be in the subject form in English:

Min bror är mycket intelligentare än jag.
My brother is much more intelligent than me/ than I (am).

(g) **God/bra** have the comparative and superlative forms **godare, godast** when they refer to how something tastes:

Min syster bakar godare bakelser än du.
My sister bakes better (tasting) cakes than you.

(h) There are many common set phrases that use superlative forms, often together with a noun and no article. (See also Section 90f.) Here are a few of them:

i bästa fall	at best, in the best case
i första hand	in the first place
i sista hand	in the last resort
i högsta grad	highly, to the highest degree

Exercise 57

Give the Swedish for:

1 It is warmer this year than last year.

2 Henrik works in the biggest office in the town.

3 I have a younger brother and an older sister.

4 This shop is more expensive than that one.

5 These cakes are best.

6 We have never read a more exciting novel.

7   The winters in northern Sweden are coldest.

8   The smallest men have the longest cars.

9   My mother looks much younger than my father.

10 He kisses more girls than me.

11 This is the longest street in Lund.

12 The richest man lives in the most beautiful house.

71 Comparative and superlative of adverbs

Adverbs formed from adjectives have exactly the same comparative and superlative forms as the adjective. Remember that adverbs never change their form.

kallt	**kallare**	**kallast**
coldly	more coldly	most coldly
ovanligt	**ovanligare**	**ovanligast**
unusually	more unusually	most unusually
lite(t)	**mindre**	**minst**
a little	less	least

A number of other adverbs also have comparative and superlative forms:

fort	**fortare**	**fortast**
quickly	more quickly	most quickly
gärna	**hellre**	**helst**
willingly	more willingly	most willingly
ofta	**oftare**	**oftast**
often	more often	most often

CONVERSATION

Samtal på tåget
Conversation on the train

Fru Nilsson	**Har ni inte varit här i norra Sverige förut?**
Mrs Nilsson	*Haven't you been here in northern Sweden before?*
Herr Ljunggren	**Jo. Men bara en gång för många år sedan.**
Mr Ljunggren	*Yes. But only once many years ago.*
Fru Nilsson	**Varifrån kommer ni egentligen?**
	Where do you come from actually?
Herr Ljunggren	**Från Skurup i Skåne. Femton kilometer väster om Ystad.**
	From Skurup in Skåne. Fifteen kilometres west of Ystad.
Fru Nilsson	**Jaså... Skurup. Jag har aldrig träffat någon som kommer därifrån... tidigare, menar jag.**
	I see... Skurup. I have never met anyone who comes from there... before, I mean.
Herr Ljunggren	**Och ni? Var är ni bosatt?**
	And you? Where are you resident?
Fru Nilsson	**I Stockholm. Jag har bott där rätt länge. Men jag växte upp i Rottneros i Värmland. Inte så långt från Sunne. Min far var faktiskt lärare i Sunne. Det var på rettiotalet, förstås. Min man och jag flyttade till Stockholm 1939. Han gick bort för två år sedan.**
	In Stockholm. I have lived there for a really long time.But I grew up in Rottneros in Värmland. Not so far from Sunne. My father was actually a teacher in Sunne. That was in the thirties, of course. My husband and I moved to Stockholm in 1939. He passed away two years ago.

Herr Ljunggren	**Mm... Förfärligt väder vi har idag.**
	Mm... Terrrible weather we are having
	today.
Fru Nilsson	**Ja, det har regnat mest hela dagen.**
	Och igår var det lika dåligt.
	Yes, it's been raining pretty well the
	whole day. And yesterday was just as
	bad.
Herr Ljunggren	**Jag tror att jag ska ta semester i juli**
	nästa år. Då är vädret lite stadigare.
	Och det är ju varmare i juli ån i
	augusti här i norr. Men titta där!
	I think I'll take my holidays in July next
	year. The weather is a bit more stable
	then. And, after all, it's warmer in July
	than in August here in the north.
	But look over there!
Fru Nilsson	**Va? Vad var det?**
	What? What was it?
Herr Ljunggren	**Det var en älg i skogsbrynet.**
	There was an elk at the edge of the forest.

72 Grammar and idioms in the conversation

(a) Notice the important distinction betweeen the adverbs
långt 'far', 'a long way' and **länge** 'long', 'a long time':

Hur långt är det från Stockholm till Uppsala?
How far is it from Stockholm to Uppsala?
Hur länge ska vi stanna här?
How long are we going to stay here?

The comparative and superlative forms **längre** and
längst cover both time and distance, however:

Ska vi stanna längre?
Shall we stay longer?
Det är längre till Stockholm än till Uppsala.
It's farther to Stockholm than to Uppsala.

(b) In Section 70f we saw the use of **än** 'than' for making comparisons. Other ways of comparing things are **lika... som** 'as... as' and **inte så... som** 'not as... as':

Vädret är lika dåligt som igår.
The weather is as bad as yesterday.
Tåget är inte så fullt som igår.
The train is not as full as yesterday.

Note the use of **lika** or **inte så** depending on whether the sentence is positive or negative. Also, as in English and as exemplified in the conversation, the comparison can be implied without being stated fully:

Jag är lika trött idag.
I'm just as tired today (as I was yesterday).

73 The infinitive and 'att'

You will have noticed that the infinitive, as in English, is sometimes preceded by the infinitive marker **att** ('to') and sometimes not (see Sections 5, 21 and 51c).

Att is never used in two-verb constructions in which the first verb is a modal auxiliary (Section 21): **få, måste, kunna, skola, vilja, böra** ('ought', **bör, borde, bort**) and **låta** ('to let' or 'to have something done', **låter, lät, låtit**).

De lät bygga ett nytt hus bredvid det gamla.
They had a new house built alongside the old one.

Vi bör resa till Värmland i sommar.
We ought to travel to Värmland this summer.

Han kunde inte arbeta i måndags.
He couldn't work last Monday.

Att is not used in two-verb constructions in which the first verb is a so-called 'modal equivalent'. The most common of these are:

behöva (2)	to need
bruka (1)	to be in the habit of
börja (1)	to begin, start
försöka (2)	to try
lova (1)	to promise
sluta (1)	to stop
tänka (2)	to think
vägra (1)	to refuse

Hon vägrade äta kött.
She refused to eat meat.

Eva brukar resa till England varje år.
Eva usually travels to England every year.

Han brukade gå på bio tre gånger i veckan.
He used to go to the cinema three times a week.

Remember (Section 53e) that **bruka** in the present tense will often translate the English adverb 'usually' and in the imperfect tense will translate the English 'used to'.

In other two-verb constructions **att** should be used to link the verbs. (See also Section 51.)

De tyckte om att gå i fjällen.
They liked to walk in the mountains.

Göran hatade att åka buss.
Göran hated going by bus.

74 'För att'

English very often uses a simple 'to' in two-verb constructions when 'in order to' is implied:

He went to the shop to buy shoes.
She went running every day to get fit.

In all situations where the English means 'in order to' Swedish will have **för att:**

Hon reste till England för att lära sig språket.
She went to England (in order) to learn the language.

Vi sprang hem för att lyssna på nyheterna.
We ran home (in order) to listen to the news.

Vocabulary

genom	through
fönster, fönstret–	window

Exercise 58

Give the Swedish for:

1 Jonas travelled south to visit Eva.

2 We like swimming in the sea.

3 You ought to read every book he writes.

4 They used to like listening to the birds.

5 I need to buy new shoes before Christmas.

6 Eva hurried home to bake bread.

7 We were happy to be able to meet your mother.

8 Göran usually cycles to the office.

9 She refused to look in through the window.

10 He built a new house in the forest in order to be able to watch the elks.

Vocabulary to Chapter 9

baka (1)	bake	hända (2)	to happen
bakelse-n-er	cake, pastry	hög	high
bort	away (motion)	ingen, inget,	no, no one,
borta	away	inga	nothing, none
	(location)	ingenstans	nowhere
bortifrån	from away	ingenting	nothing
bosatt	resident	inifrån	from inside
bredvid	alongside	inte så... som	not as... as
bröd-et	bread	intressant	interesting
bygga (2)	to build	knapp	scarce
bättre	better	kött-et	meat
böra (bör,	ought	lika... som	as.... as
borde, bort)		lova (1)	to promise
cykla (1)	to cycle	lyckligtvis	fortunately
del-en-ar	part	låg	low
dålig	bad	låta (4 låter,	to let, to have
egentligen	actually, really	lät, låtit)	something
fall-et–	case		done
fler	more (number)	länge	long, a long
flest	most (number)		time
fort	quickly	mena (1)	to hold an
foto-t-n	photo		opinion,
framifrån	from the front		think
full	full	mer	more (amount)
få	few	mest	most
förfärlig	dreadful		(amount)
förr	before (adv)	mindre	smaller, less
förstås	of course	minst	smallest, least
fönster,	window	mot	towards
fönstret–		möjlig	possible
försöka (2)	to try	naturlig	natural
genom	through	naturligtvis	naturally
grad-en-er	degree	nere	down
grov	coarse		(location)
gå bort (4 går,	to pass away,	nerifrån	from below
gick, gått)	die	nord-	northern
hand-en,	hand	norr	north
hata (1)	to hate	norra	northern
herr	Mr	norrifrån	from the north

152

norrut	northwards	typisk	typical
någon, något,	someone,	tyska-n	German
några	anyone,		(language)
	something,	upp	up (motion)
	anything, some,	uppe	up (location)
	any	uppifrån	from above
någonstans	somewhere	utifrån	from outside
ond	bad, evil	vart	where to,
ovanlig	unusual		whither
polcirkel-n,	Arctic Circle	vatten,	water
cirklar		vattnet–	
rätt	right, really	vin-et-er	wine
röst-en-er	voice	vägra (1)	to refuse
samtal-et–	conversation	värre	worse
semester-n,	holiday	värst	worst
semestrar		väst-	western
sist	last	väster	west
skogsbryn-et–	edge of the forest	västerifrån	from the west
stadig	steady, stable	västerut	westwards
syd-	southern	västra	western
sämre	worse	äldre	older
sämst	worst	äldst	oldest
söder	south	älg-en-ar	elk
söderifrån	from the south	än	than
söderut	southwards	öl-et	beer
södra	southern	öst-	eastern
trolig	probable	öster	east
troligen	probably	österifrån	from the east
trång	narrow,	österut	eastwards
	constricted	östra	eastern
tung	heavy		

153

Chapter 10

Chapter 10 introduces:
* the names of countries, nationalities and languages
* different ways of translating ëwhereí
* the use of question words in subordinate clauses
* compound verbs and how they function in a sentence
* numbers used as nouns.

75 Countries, nationalities and languages

Learn the following names of countries, nationalities and languages. You will notice that in most cases the name of the language and that of the female inhabitant may be very simply derived from the adjective. The same is true in a few cases for the male inhabitant.

Country	Adjective	Language
Danmark	**dansk**	**danska**
Denmark	Danish	Danish
Finland	**finsk**	**finska**
Finland	Finnish	Finnish
Island	**isländsk**	**isländska**
Iceland	Icelandic	Icelandic
Norge	**norsk**	**norska**
Norway	Norwegian	Norwegian
Sverige	**svensk**	**svenska**
Sweden	Swedish	Swedish
Ryssland	**rysk**	**ryska**
Russia	Russian	Russian
Tyskland	**tysk**	**tyska**
Germany	German	German
Holland	**holländsk**	**holländska**
Holland	Dutch	Dutch

England	engelsk	engelska
England	English	English
Frankrike	**fransk**	**franska**
France	French	French
Spanien	**spansk**	**spanska**
Spain	Spanish	Spanish
Italien	**italiensk**	**italienska**
Italy	Italian	Italian
Amerika	**amerikansk**	**engelska**
America	American	English

All names of countries are treated as **Ett**-nouns and all the names of languages are treated as **En**-nouns:

Hon är mycket stolt över sin svenska.
She is very proud of her Swedish.

Sverige är fantastiskt!
Sweden is fantastic!

Male		*Female*
dansk-en-ar	Dane	**danska-n-or**
svensk-en-ar	Swede	**svenska-n-or**
tysk-en-ar	German	**tyska-n-or**

norrman-nen, män	Norwegian	**norska-n-or**
engelsman-nen, män	Englishman/woman	**engelska-n-or**
fransman-nen, män	Frenchman/woman	**fransyska-n-or** NB

holländare-n–	Dutchman/woman	**holländska-n-or**
amerikanare-n–	American	**amerikanska-n-or**
italienare-n–	Italian	**italienska-n-or**

finne-n-ar	Finn	**finska-n-or**
islänning-en-ar	Icelander	**isländska-n-or**
ryss-en-ar	Russian	**ryska-n-or**
spanjor-en-er	Spaniard	**spanjorska-n-or** NB

Note that, with the exception of the names of the countries, all of the above are spelled without capital letters. When referring to the population of the country as a whole or to groups of mixed sex the male forms are used:

155

Många svenskar tar semester på vintern.
Many Swedes take holidays in winter.

76 'Where' in questions and in relative clauses

In English 'where' covers both questioning and relative functions:

Question	Where are you going today?
Relative	I know a place where we can get caviar.

In a question Swedish will have **var** or **vart** depending on whether motion or position is involved (see Section 67c):

Var kan man äta fransk mat i Stockholm?
Where can one eat French food in Stockholm?

Vart ska ni resa imorgon?
Where are you travelling to tomorrow?

Var and **vart** must also be used in indirect questions:

Jag undrar var man kan äta fransk mat.
I wonder where one can eat French food.

Jag undrar vart ni ska resa imorgon.
I wonder where you are travelling to tomorrow.

As a relative, however, Swedish uses **där** or **dit** depending on whether position or motion is involved (see Section 64c):

Han vet en restaurang, där man kan äta fransk mat.
He knows a restaurant where one can eat French food.

Jag vet en restaurang, dit vi kan gå.
I know a restaurant where we can go.

An easy way of recognising whether it should be **var/vart** or **där/dit** is that if 'where' can be replaced by 'in/at which' or 'to which' the Swedish will be **där** or **dit**.

Vocabulary

turist-en-er	tourist
landskap-et–	province
enda	only (*adj*)
få tag i	to get hold of
stilig	stylish, elegant
spara (1)	to save
söka (2)	to look for
arbete-t-n	work

Exercise 59

Insert the correct form of **var/vart** *or* **där/dit** *in the following sentences:*

1 Vet du ...... Ulla bor nuförtiden?

2 Mora är en stad, ... det finns många turister.

3 Ska vi gå på en restaurang, ... vi kan äta italiensk mat?

4 Dalarna är ett landskap, ... många turister åker.

5 Jag frågade mig, ... vi tänkte cykla.

6 Är Sverige det enda land, ... man talar svenska?

7 Eva jobbar på en bank, ... hon åker buss varje dag.

8 ...... kan jag få tag i det billigaste vinet?

9 Kiruna ligger i norra Sverige, ... det är mycket kallt på vintern.

10 Jämtland är ett landskap, ... jag skulle vilja åka.

11 Vi vet fortfarande inte, ... vi ska resa i sommar.

12 Göran kör ofta till Göteborg, ... han har många vänner.

Exercise 60

Give the Swedish for:

1 Many Swedes travel to Spain in the summer.

2 Jan went to the mountains in order to go skiing.

3 Frenchmen are more stylish than Englishmen.

4 Göran is saving money to buy a car.

5 Italian wine is cheaper than French wine.

6 She speaks Swedish at home and English at the office.

7 Many Finns also speak Swedish.

8 He moved from northern Norway to look for work.

77 'Vad som...', 'vem som...', 'vilken som ...'

The use of the question words **vad, vem** and **vilken (vilket, vilka)** has already been discussed (Section 13):

Vem är den där pojken?
Who is that boy?

Vad ska du göra i sommar?
What are you doing this summer?

Vilken bok har hon läst?
Which book has she read?

In subordinate clauses in which **vad, vem** and **vilken** function as the objects of the clause, the pattern remains as above:

Han frågade mig, vem jag hade träffat.
He asked me whom I had met.

Hon undrade, vad vi skulle göra.
She wondered what we should do.

Jag frågade, vilken tidning han läste.
I asked which newspaper he was reading.

But in subordinate clauses in which **vad, vem** and **vilken** function as the subject they must be accompanied by the relative pronoun **som**:

Jag undrar, vem som kommer till festen.
I wonder who is coming to the party.

Jag undrar, vad som händer i Sverige.
I wonder what is happening in Sweden.

Han frågade mig, vilken väg som var kortast.
He asked me which way was shortest.

78 'Vad som helst...', 'vem som helst...', 'vilken som helst...'

These correspond to English phrases such as 'anything at all', 'anything you care to name', 'whatever you like' etc.
Vad som helst and **vem som helst** are unchangeable, whereas **vilken som helst** may insert a noun between **vilken** and **som helst** and will agree with that noun:

Vem som helst kan lära sig svenska.
Anybody can learn Swedish.

Hon är inte vem som helst!
She is not just anybody!

Han äter vad som helst.
He eats any old thing.

Köp vilket vin som helst!
Buy any wine you like!

Du kan få vilken bok som helst.
You can have any book you care to name.

Exercise 61

Give the Swedish for:

1　Who was that German woman you were talking to?

2　He asked me who had painted (**måla** 1) the old house.

3　You can eat anything you like but you must eat something!

4　Who was the man who gave you the Norwegian books?

5　I wonder which car is best.

6　The Prime Minister is not just any old Italian!

7　She wanted to know who liked Spanish food.

8　Anyone can do it if he wants to, he said.

79 Compound verbs

Many Swedish verbs are compound verbs in that they consist of the verb and a particle. In some cases the particle is a prefix (**betala** 'to pay', **oroa** 'to disturb', **förklara** 'to excplain') and in some cases it follows the verb (**tycka** *om* 'to like', **känna** *igen* 'to recognise', **slå** *sönder* 'to smash'). The following prefixed particles are always inseparable from the verb:

an-	anklaga (1)	to accuse
be-	betyda (2)	to mean
er-	erbjuda (4)	to offer
för-	förlora (1)	to lose
här-	härleda (2)	to derive
miss-	missunna (1)	to grudge
o-	oroa (1)	to disturb
sam-	samarbeta (1)	to cooperate

um-	umgås (4)	to go round with
und-	undvika (4)	to avoid
van-	vansköta (2)	to neglect, mismanage
väl-	välsigna (1)	to bless
å-	åkalla (1)	to invoke

Sverige, Norge och Danmark samarbetar på många sätt.
Sweden, Norway and Denmark cooperate in many ways.

Han undvek att titta på mig.
He avoided looking at me.

Most of the many particles, however, are separable and follow the verb:

bryta av (4)	to break off
gå förbi (4)	to walk past
slå ihjäl (4)	to kill
komma in (4)	to enter
följa med (2)	to accompany
sätta på (4)	to switch on
stänga av (2)	to switch off
stryka under (4)	to underline
gå ut (4)	to exit
komma ihåg (4)	to remember

Hon satte på TV-n innan han gick ut.
She put on the TV before he went out.

Han bröt av en gren och slog ihjäl vargen.
He broke off a branch and killed the wolf.

In speech the particle is stressed: **sätta** *på*, **slå** *ihjäl* etc.

There are certain circumstances in which the separable particles will be prefixed to the verb:

(a) In the present and past participles (see Sections 50 and 85) the separable particles will always be prefixed to the verb: **känna igen** but **igenkännande** 'recognising'; **gå förbi** but **förbigående** 'passing'; **tycka om** but **omtyckt** 'liked', 'popular'; **bryta av** but **avbruten** 'broken off'.

161

(b) In a few cases the prefixed and separate forms have developed rather different meanings, one literal (the separate form) and one abstract (the prefixed form):

Pojken bröt av grenen.
The boy broke off the branch.
Statsministern avbröt diskussionen.
The Prime Minister broke off the discussion.

(c) In many cases there is a stylistic difference between using the separate form and the prefixed form. The separate form will be used in ordinary speech and informal writing whereas the prefixed form will be used in formal writing:

De lade ned böckerna på bordet.
They put the books down on the table.
Statsministern nedlade en krans på graven.
The Prime Minister laid a wreath on the grave.

80 Where to place the particle

The normal position for the separable particle with compound verbs is immediately after the main verb:

En svensk flicka gick förbi.
A Swedish girl walked past.

Den tyska kvinnan kände igen henne.
The German woman recognised her.

Pojken har brutit av en gren.
The boy has broken off a branch.

Har de känt igen dig?
Have they recognised you?

Ska du inte slå ihjäl vargen?
Aren't you going to kill the wolf?

Jag frågade, om han tyckte om mjölk.
I asked if he liked milk.

There are, however, a number of situations when the verb and the particle are separated:

(a) In the present and imperfect tenses of the verb in main clauses, simple adverbs such as **aldrig, alltid, gärna, kanske, ofta, inte, redan, snart** and **sällan** will come between the verb and its particle:

Han kände inte igen mig.
He didn't recognise me.

Flickan gick ofta förbi.
The girl often walked past.

(b) When the present and imperfect tenses of the verb are inverted in main clauses the subject will also come between the verb and its particle:

Tycker du om svensk mat?
Do you like Swedish food?

Kände hon igen dig?
Did she recognise you?

Slog han inte ihjäl vargen?
Didn't he kill the wolf?

Imorgon reser vi bort.
Tomorrow we are going away.

(c) The adverbs **bra, mycket** and **illa** ('bad', 'badly') *always* stand between the verb and its particle:

Han tycker mycket om italienska filmer.
He likes Italian films very much.

Hon har alltid tyckt illa om honom.
She has always disliked him.

Exercise 62

The verb particle has been omitted in the following sentences.
Rewrite the sentences placing it in its proper position.

1 Han sade, att han inte kände henne. (igen)

2 Lade han inte böckerna på bordet? (ned)

3 Har ni alltid tyckt illa honom? (om)

4 Var det Jan som bröt grenen? (av)

5 Han går ofta men han kommer aldrig. (förbi, in)

Exercise 63

Give the Swedish for:

1 Does she dislike German cars?

2 I didn't recognise the boy who walked past.

3 Don't you remember him?

4 Please put on the TV!

5 Aren't you going to switch off the TV?

CONVERSATION

Ett telefonsamtal
A telephone conversation

Telefonen ringer hos Erikssons
The telephone rings at the Erikssons'

Birgitta 18 45 64
Svante Är det Birgitta?
Is that Birgitta?

Birgitta Ja, det är det. Är det inte Svante Ahlgren?
Yes, it is. Isn't that Svante Ahlgren?

Svante Jo. Kommer du ihåg mig?
Yes. Do you remember me?

Birgitta Visst kommer jag ihåg dig. Men vad gör du nuförtiden?
Certainly I remember you. But what are you doing nowadays?

Svante Bärbel och jag är faktiskt i Stockholm just nu. Jag har jobbat i Tyskland i tre år men nu har jag tagit två veckors semester för att hälsa på mina släktingar här i Sverige. Och Bärbel har följt med. Det är första gången hon är i Sverige.
Bärbel and I are actually in Stockholm just now. I've been working in Germany for three years but now I've taken two weeks' holiday to visit my relations here in Sweden. And Bärbel has come along. It's the first time she has been to Sweden.

Birgitta Bärbel?

Svante Det är min fru. Vi gifte oss för fyra månader sedan och nu vill jag presentera henne för alla. Hon är tyska, förstås.
That's my wife. We got married four months ago and now I want to introduce her to everyone. She's a German, of course.

Birgitta Nej, men så trevligt! Då måste ni komma och hälsa på oss. Jag kan ju tyska. Kan ni komma hem till oss på fredag kväll?
Well, how nice! In that case you must come and visit us. I can speak German, after all. Can you come to our place on Friday evening?

Svante Ja, tack, det låter trevligt. Hur dags ska vi komma?
Yes, thank you, that sounds nice. What time shall we come?

Birgitta Vid sextiden, om det passar.
Around six, if that suits you.

Svante Ja, det passar utmärkt. Hej så länge.
Yes, that suits us excellently. Bye for now.

Birgitta Hej, hej.
Bye, bye.

81 Grammar and idioms in the conversation

(a) **Ett telefonsamtal** Swedish, like German, favours compound nouns whereas English normally keeps them separate. Notice that the gender of a compound noun is *always* that of its final element:

en telefon + ett samtal = ett telefonsamtal

There are a number of possible ways to form compounds and they are not easy for a learner to predict: words may be simply joined together as with **ett telefon/samtal**; they may be linked by a possessive **s** as in **en stat/s/minister;** they may be linked by an extra vowel as in **ett kung/a/rike** 'kingdom'; an **-a** at the end of the first word might change into a **-u** or **-o** as in **ett var/u/hus** (from **vara-n-or** 'ware'); the first part might lose its final vowel as in **en pojk/vän**.

(b) Telephone numbers in Swedish are pronounced (and written) as far as possible in pairs:

18 45 64 **arton fyrtiofem sextiofyra**

(c) **Gång-en-ar** and **tid-en-er,** both meaning 'time', must be distinguished. **Gång** is a point in time, an occasion; **tid** is a continuum, a period of time:

Jag träffade henne bara en gång.
I met her only once.

Hon bodde i Italien en tid.
She lived in Italy for a time.

Fairy stories in Swedish open with the words:

Det var en gång...
Once upon a time...

(d) **Första gången** The omission of the first of the double definite articles occurs in a number of circumstances. It happens, for instance:

(i) where a phrase has become the set name of a place or institution as in **Förenta staterna**, 'the United States'; **Vita huset,** 'The White House' in Washington; **Kungliga slottet,** 'the Royal Palace' in Stockholm; **Franska revolutionen,** 'the French Revolution';

(ii) with the ordinal numbers as in **första/andra/tredje gången,** 'the first/second/third time'.

(e) **Nej, men så trevligt! Nej** is frequently used, as here, as an expression of surprise and without any necessarily negative sense. Think of English 'Well, I never!'

(f) **Jag kan ju tyska** The verb **kunna,** 'to be able', is often used alone, particularly with languages, to mean 'to know':

De kan italienska och spanska.
They know Italian and Spanish.

(g) Notice the difference between the 'motion' and 'location' constructions **komma hem till oss** and **vara hemma hos oss:**

Kan ni komma hem till oss på fredag kväll?
Can you come to our place on Friday evening?

De var hemma hos oss hela kvällen.
They were at our place the whole evening.

(h) **Vid sextiden** Notice this expression of general time using **vid:**

vid åttatiden
around eight, eightish

82 Numbers as nouns

There is a useful method of converting the numbers 0 –12 and other numbers ending in 1–9 (i.e. 21–29, 31–39 etc.) into nouns of Group (i) – that is, the **flicka-n-or** group.

Numeral	Indefinite	Definite	Plural
noll	en nolla	nollan	nollor
ett	en etta	ettan	ettor
två	en tvåa	tvåan	tvåor
tre	en trea	trean	treor
fyra	en fyra	fyran	fyror
fem	en femma	femman	femmor
sex	en sexa	sexan	sexor
sju	en sjua	sjuan	sjuor
åtta	en åtta	åttan	åttor
nio	en nia	nian	nior
tio	en tia	tian	tior
elva	en elva	elvan	elvor
tolv	en tolva	tolvan	tolvor

As you will see from the examples below, these may be applied to: the name of the number itself; a coin or note of that amount; bus or tram numbers; hospital wards or school years; clothing and shoe sizes; the size of a flat measured in rooms.

Barnet kan inte skriva åttor.
The child can't write eights.

Var snäll och låna mig en tia.
Please lend me a tenner.

Här kommer tjugofyran.
Here comes the 24 (bus or tram).

Anders går i sjuan.
Anders is in the seventh year (class).

Jag tar fyrtiotreorna, tack.
I'll take the 43s (shoes), please.

Göran har en trea i Göteborg.
Göran has a three-roomed flat in Gothenburg.

Vocabulary to Chapter 10

Amerika	America	franska-n	French
amerikanare-n–	American		language
amerikanska	American	fransman-nen,	Frenchman
-n-or	woman	män	
anklaga (1)	to accuse	fransyska-n-or	French-
arbete-t-n	work		woman
betyda (2)	to mean	fyra-n-or	a 'four'
bryta av (4)	to break off	få tag i	to get hold
Danmark	Denmark		of
dansk	Danish	Förenta	the United
dansk-en-ar	Dane	staterna	States
danska-n	Danish	förklara (1)	to explain
	language	förlora (1)	to lose
danska-n-or	Danish	grav-en-ar	grave
	woman	gren-en-ar	branch
diskussion	discussion	gå förbi (4)	to walk
-en-er			past
elva-n-or	an 'eleven'	gå ut (4)	to exit
enda	only (adj)	hej så länge	bye for
engelsk	English		now, see
engelska-n-or	English-		you soon
	woman	Holland	Holland
engelsman-nen,	English-	holländare-n–	Dutchman
män	man	holländsk	Dutch
erbjuda (4)	to offer	holländska-n	Dutch
etta-n-or	a 'one'		language
fantastisk	fantastic	holländska-n	Dutch-
femma-n-or	a 'five'	-or	woman
Finland	Finland	härleda (2)	to derive
finne-n-ar	Finn	illa	bad, badly
finsk	Finnish	Island	Iceland
finska-n	Finnish	isländsk	Icelandic
	language	isländska-n	Icelandic
finska-n-or	Finnish		language
	woman	isländska-n-or	Icelandic
Frankrike	France		woman
fransk	French	islänning-en-ar	Icelander

italienare-n–	Italian	ryss-en-ar	Russian
italiensk	Italian	Ryssland	Russia
italienska-n	Italian	samarbeta (1)	to cooperate
	language	sexa-n-or	a 'six'
italienska-n-or	Italian	sjua-n-or	a 'seven'
	woman	slå ihjäl (4)	to kill
klaga (1)	to complain	slå sönder (4)	to smash,
komma in (4)	to enter		break
kort	short	slott-et–	castle, palace
krans-en-ar	wreath	Spanien	Spain
kung-en-ar	king	spanjor-en-er	Spaniard
kungarike-t-n	kingdom	spanjorska	Spanish
kunglig	royal	-n-or	woman
känna igen (2)	to recognise	spansk	Spanish
landskap-et–	province	spanska-n	Spanish
låna (1)	to lend		language
missunna (1)	to grudge	spara (1)	to save
mjölk-en	milk	stat-en-er	state
måla (1)	to paint	stilig	stylish,
nia-n-or	a 'nine'		elegant
nolla-n-or	a 'zero'	stolt	proud
norrman-nen,	Norwegian	stryka under (4)	to underline
män		svenska-en-ar	Swede
norsk	Norwegian	svensk-n-or	Swedish
norska-n	Norwegian		woman
	language	sätt-et–	way, manner
norska-n-or	Norwegian	sätta på (4)	to switch on
	woman	söka (2)	to look for
oroa (1)	to disturb	telefon-en-er	telephone
passa (1)	to suit	telefonsamtal	telephone
presentera för	to introduce	-et–	conversation
(1)	to	tia-n-or	a ten
revolution	revolution	tolva-n-or	a 'twelve'
-en-er		trea-n-or	a 'three'
rike-t-n	realm	turist-en-er	tourist
ringa (2)	to ring	tvåa-n-or	a 'two'
rysk	Russian	tysk	German
ryska-n	Russian	tysk-en-ar	German
	language	tyska-n-or	German
ryska-n-or	Russian		woman
	woman	Tyskland	Germany

170

umgås (4)	to go round with	**vem som helst**	whoever, anyone at all
undra (1)	to wonder		
undvika (4)	to avoid	**vilken som**	who, what
utmärkt	excellent(ly)	**vilken som helst**	who/what-ever, anyone, anything
vad som	what		
vad som helst	whatever, anything at all		
		visst	certainly
vansköta (2)	to neglect, mismanage	**välsigna** (1)	to bless
		åkalla (1)	to invoke
vara-n-or	ware, commodity	**åtta-n-or**	an 'eight'
		över	above, of, about
varg-en-ar	wolf		
vem som	who		

Chapter 11

In this penultimate chapter you will find out:
- the difference between transitive and intransitive verbs
- how verbs can be created from adjectives
- how to use the past participle as an adjective
- how the passive voice ('was driven', etc.) is formed and used.

83 Transitive and intransitive verbs

Transitive verbs are verbs that take a direct object (e.g. 'Erik *loved* Gunilla') whereas intransitive verbs do not take a direct object (e.g. 'Erik's grandfather *died*') Many verbs are, of course, both transitive and intransitive (e.g. 'He *finished* the book' and 'The film *finishes* at 10 o'clock').

English commonly uses the same verb with both transitive and intransitive functions. In Swedish, however, the distinction is a clearer one and, in many cases, there is a pair of related verbs, one of which has a transitive function and the other an intransitive function:

Transitive	*Intransitive*
bränna (2) to burn	**brinna** (4) to burn
dränka (2) to drown	**drunkna** (1) to drown
röka (2) to smoke	**ryka** (1) to smoke
väcka (2) to wake	**vakna** (1) to wake
Jan väckte mig kl.7.	Jan woke me at 7 o'clock.
Jag vaknade kl.7.	I woke at 7 o'clock.
Han röker cigaretter.	He smokes cigarettes.
Elden ryker.	The fire is smoking.
Pojken dränkte katten.	The boy drowned the cat.
Katten drunknade i ån.	The cat drowned in the river.

Here is a list of some further verbs where a distinction is necessary:

Transitive
lämna (1) to leave
kyla (2) to chill
ställa (2) to put, stand
sätta (4) to set, place
lägga (4) to lay, put

Intransitive
gå (4) to leave, go, depart
kallna (1) to grow cold
stå (4) to stand, be standing
sitta (4) to sit, be sitting
ligga (4) to lie, be lying

Vocabulary

flaska-n-or	bottle
kök-et–	kitchen
vardagsrum-met–	living room
gäst-en-er	guest
säng-en-ar	bed
sovrum-met–	bedroom

Exercise 64

Give the Swedish for:

1 Erik and Göran left at 4 o'clock.

2 Gunilla must chill the wine before the party.

3 Jan put the glasses on the table.

4 The bottles were already standing on the table.

5 He leaves the cups in the kitchen.

6 The guests were sitting in the living room.

7 The two children were lying on the bed in the bedroom.

8 The food was growing cold in the kitchen.

84 Verbs ending in '-na'

You will have noticed the relationship between **kall** 'cold' and **kallna** 'to grow cold' in the above. Many intransitive verbs may be created from adjectives by adding the suffix **-na**. All such verbs are Class 1:

blek	pale	**blekna** (1)	to go pale
gul	yellow	**gulna** (1)	to go yellow
blå	blue	**blåna** (1)	to go blue
svart	black	**svartna** (1)	to go black
ljus	light	**ljusna** (1)	to grow light
mörk	dark	**mörkna** (1)	to grow dark

Notice the irregularity of **röd** 'red' but **rodna** 'to blush'.

85 Past participles

The past participle in English is the part of the verb that is used to form the perfect and pluperfect tenses, and it may also be used as an adjective: 'she has *spoken*', 'he is a master of the *spoken* word'.

We have already seen (Section 46 and 47) that the Swedish perfect and pluperfect tenses are formed by using the supine and that the supine is invariable. The Swedish past participle is closely related to the supine *but*, like other adjectives, it changes its form to agree with the gender, form and number of what it refers to.

The various forms of the past participle are as follows. Notice that they differ according to the class of verb and that the endings are added to the stem of the infinitive in the case of weak verbs (Classes 1, 2 and 3) and to the stem of the supine in the case of strong verbs (Class 4):

	Infinitive/ Supine	En-*form*	Ett-*form*	Plural and definite
1	tala	tala**d**	tala**t**	tala**de**
2a	beställa	beställ**d**	beställ**t**	beställ**da**

2b	köpa	köpt	köpt	köpta
3	sy	sydd	sytt	sydda
4	sjunka/sjunkit	sjunken	sjunket	sjunkna

Bilen är parkerad på gatan.
The car is parked on the street.

Gatan var full med parkerade bilar.
The street was full of parked cars.

Bordet är redan beställt.
The table is already booked.

Vi tittade på den sjunkna båten.
We looked at the sunken boat.

Stefan Edberg är mycket välkänd.
Stefan Edberg is very well-known.

De nyköpta böckerna låg på golvet.
The newly bought books were lying on the floor.

Han stod framför ett nymålat fönster.
He was standing in front of a newly painted window.

Exercise 65

Give the Swedish for:

1 They are very interested in (**av**) books.

2 The door is closed and the house is locked.

3 The written language is difficult.

4 This department store is well-known.

5 The newly painted door is already dirty.

6 The tickets are already ordered.

7 A car stood parked in front of the house.

8 He has forgotten his newly bought bicycle.

---

86 Passive voice

In the active voice of verbs (the form we have met so far), the subject of the clause is performing the action. In the passive voice the subject is having the action performed on it. Sometimes the clause includes an agent (the person or thing performing the action), but not always.

Active	The man drove the car.
Passive (with agent)	The car was driven by the man.
Passive (no agent)	The case was dismissed.

There are two ways of forming the passive voice of verbs in Swedish: the **bli** passive and the **s**-passive. When the agent is stated, the preposition **av** is used where English has 'by'.

The **bli** passive is formed by using the relevant tense of the verb **bli** together with the correct form of the past participle. Remember that the past participle, being an adjective, must agree with the number and gender of the subject:

Flickan blir ofta inbjuden av honom.
  The girl is often invited by him.

Barnet blev inbjudet av honom.
  The child was invited by him.

Flickorna har blivit inbjudna av honom.
  The girls have been invited by him.

Kvinnan kommer att bli inbjuden av honom.
  The woman will be invited by him.

The **s**-passive is basically formed by adding -s to the active form of the main verb (with a slight variation in the present tense):

Saken diskuteras.
  The matter is being discussed.

Saken diskuterades.
  The matter was being discussed.

Saken har diskuterats.
  The matter has been discussed.

Saken ska diskuteras.
The matter will be discussed.

Saken måste diskuteras.
The matter must be discussed.

Notice that in the present tense the final **-r** is dropped in verbs of Class 1 and 3 (and those verbs of Class 4 with an infinitive resembling Class 3 e.g. **se** 'to see', **ta** 'to take'):

Han bakar brödet och hon syr kjolen.
He bakes the bread and she sews the skirt.

Brödet bakas och kjolen sys.
The bread is being baked and the skirt is being sewn.

In the present tense of verbs of Class 2 and 4 the final **-er** is dropped:

Han stänger dörren klockan sju.
He shuts the door at 7 o'clock.

Dörren stängs klockan 7.
The door is shut at 7 o'clock.

If, however, the stem of the verb ends in **-s** (**låsa** 'to lock', **läsa** 'to read') only the **-r** of the present tense is dropped:

Dörren låses.
The door is being locked.

Boken läses.
The book is being read.

87 Using the forms of the passive voice

The two forms of the passive are often used interchangeably though the **s**-passive is the more common, particularly in writing. There are, however, some differences as the following examples will show.

If the occurrence is habitual the s-passive is usually used:

Frukost serveras kl.8.
Breakfast is served at 8.

Lunch serveras klockan 12.
Lunch is served at 12.

If the occurrence happens only once the **bli** passive is usually used:

Min bil blev stulen igår.
My car was stolen yesterday.

If no agent is mentioned the s-passive is often used:

Alltför många människor skadas i trafiken varje år.
Far too many people are injured in the traffic every year.

If the agent is mentioned the **bli** passive is often used:

Hunden blev sparkad av sin ägare.
The dog was kicked by its owner.

The s-passive is all-pervasive in bureaucratic written style:

Anmälan görs på särskild blankett som fås på och lämnas direkt till institutionen.
Application is made on a special form which is obtained from and handed in to the department.

The passive voice with no agent mentioned may often be avoided in Swedish by using constructions with the impersonal pronoun **man**:

Man äter mycket fisk i Sverige.
A lot of fish is eaten in Sweden.

88 Deponent verbs

A number of Swedish verbs always occur in the s-form. These are the so-called deponent verbs: verbs that have a passive form but an active meaning.

Jag hoppas att han kommer till Stockholm.
I hope that he comes to Stockholm.

De trivdes i Sverige.
They liked it in Sweden.

Here is a list of some of the most common deponent verbs.

andas (1)	to breathe
finnas (4)	to be, to exist
hoppas (1)	to hope
kräkas (2)	to vomit
lyckas (1)	to succeed
låtsas (1)	to pretend
minnas (2)	to remember
synas (2)	to appear
trivas (2)	to feel at home, like it
tyckas (2)	to seem
umgås (4)	to go round with, be friendly with
åldras (1)	to age

A number of the deponent verbs are 'modal equivalents' and are therefore not followed by **att** in two-verb constructions (see Section 73.) These verbs are: **hoppas, lyckas, låtsas** and **tyckas.**

Han lyckades bli rik men han låtsades vara fattig.
He succeeded in becoming rich but he pretended to be poor.

86 Reciprocal use of the s-form

With certain verbs the **s**-form may be used to include the idea of 'each other'. This, clearly, can only be done when the verb is being used in the plural:

Ni träffades i London, eller hur?
You met each other in London, didn't you?

179

Har vi inte setts förut?
Haven't we seen each other before?

De kysstes hela kvällen.
They were kissing each other all evening.

'Each other' can also be expressed literally by using **varandra**:

De kysste varandra hela kvällen.
They were kissing each other all evening.

CONVERSATION

Före festen
Before the party

Hans   **Jag hoppas att det blir trevligt på festen ikväll! Det är inte så ofta vi träffas allihopa nu för tiden. Jag har t. ex. inte träffat Kalle och Margareta på år och dag.**
I hope it's going to be nice at the party tonight. It isn't very often the whole lot of us meet each other nowadays. I haven't, for instance, met Kalle and Margareta for years and years.

Eva   **Det blir säkert trevligt, men det är mycket som ska göras innan dess. Vinet ska kylas, maten ska lagas och bordet ska dukas.**
It's sure to be nice, but there is a lot to be done before then. The wine is to be cooled, the food to be prepared and the table to be laid.

Hans   **Om någonting ska diskas, kan du säga till mig. Du vet att jag älskar att diska.**
If there is anything to be washed up, you can tell me. You know that I love washing up.

Eva   **Tack, men det behövs nog inte. Däremot ska potatisen skalas och en massa konservburkar ska öppnas. Det kanske du kan göra?**
Thanks, but that probably won't be needed. On the other hand there are the potatoes to be

peeled and a heap of tins to be opened. You can do
that perhaps?

Hans **Javisst, det gör jag gärna. Kommer Karin**
och Jonas ikväll? I så fall måste vi laga en
rätt utan kött också, för de är vegetarianer.
Någonting med räkor blir säkertuppskattat.
Certainly, I'll gladly do that. Are Karin and
Jonas coming this evening? In that case we'll also
have to make a dish without meat as they are
vegetarians. Something with prawns will
undoubtedly be appreciated.

Eva **Karin och Jonas kommer tyvärr inte. De**
väntar på att deras hus ska bli sålt och
just ikväll kommer det ett äldre par för att
titta på huset.
Unfortunately, Karin and Jonas are not coming.
They are waiting for their house to be sold and
there is an elderly couple coming to look at the
house this very evening.

Hans **Vad synd! Jag hade tänkt prata med Jonas**
om hans nya uppfinning. Det sägs att han
har uppfunnit en tänkande cykel.
What a pity! I was intending to talk to Jonas
about his new invention. He is said to have
invented a thinking bicycle.

Eva **Och det tror du på! Nej, nu måste vi sätta**
igång. Maten ska serveras klockan sju.
And you believe that! Well, now we must get
going. The food is to be served at 7 o'clock.

Hans **Men Pelle och Helena kommer väl?**
But Pelle and Helena are surely coming?

Eva **Ja, Pelle kommer. Tyvärr kommer inte**
Helena, för hon ska opereras i morgon bitti.
Det är ingenting allvarligt, men Pelle är
mer nervös för operationen än Helena så
han behöver nog underhållas lite i kväll.
Yes, Pelle is coming. Unfortunately Helena is not
coming as she is to be operated on tomorrow
morning. It's nothing serious, but Pelle is more
nervous about the operation than Helena so he

> certainly needs to be entertained a little bit extra
> this evening.
>
> **Hans** **Stackars Pelle! Nej, det här duger inte. Här**
> **ska arbetas!**
>
> *Poor Pelle! Heavens, this won't do. There's work*
> *to be done here!*

Efter festen
After the party

> **Eva** **Vad varmt det blev ikväll! Innan vi**
> **öppnade fönstret, var det så varmt att jag**
> **nästan inte kunde andas.**
>
> *How hot it was this evening! Before we opened*
> *the window it was so hot that I almost couldn't*
> *breathe.*
>
> **Hans** **Men vilken lyckad fest! Alla verkade trivas.**
> **Och själv kan jag inte minnas att jag**
> **någonsin haft så roligt!**
>
> *But what a successful party! Everyone seemed to*
> *like it. And as for myself I can't remember ever*
> *having had such fun!*

90 Grammar and idioms in the conversation

(a) **nu för tiden (nuförtiden)** 'nowadays'. A small number
of common words in Swedish sometimes appear as
separate words and sometimes compounded. These are
mainly prepositional phrases in the process of becoming
'words'. Other examples are: **i dag/idag, i morgon/**
imorgon, i kväll/ikväll.

(b) **t. ex. (till exempel)** 'for example'. Written Swedish
frequently uses abbreviations; in speech, however, the
full forms are pronounced. Among the most common
abbreviations are:

bl.a. (bland annat/andra)	among others
ca (cirka)	approximately
dvs. (det vill säga)	that is to say, i.e.
el.dyl. (eller dylikt)	or the like
e. Kr. (efter Kristus)	AD
f. Kr. (före Kristus)	BC
em. (eftermiddag)	pm
fm. (förmiddag)	am
enl. (enligt)	according to
f.d. (före detta)	ex-, former
fr.o.m (från och med)	from and including
ggr (gånger)	times
hr (herr)	Mr
inkl. (inklusive)	including
jfr (jämför)	compare
kl. (klockan)	o'clock
kr. (kronor)	kronor
nr (nummer)	number
obs! (observera)	NB
omkr. (omkring)	approximately
osv. (och så vidare)	etc.
p.g.a. (på grund av)	because
s:a (summa)	total
s.o.h. (söndagar och helgdagar)	Sundays and Bank Holidays
st. (styck)	each
tfn (telefon)	telephone
t.h. (till höger)	to the right
t.v. (till vänster)	to the left
t.o.m. (till och med)	even
tr. (trappa)	floor

(c) **potatis-en-ar** Although it does have a plural form **potatis** is almost invariably used as a singular collective noun:

Skulle du vilja ha potatis?
Would you like to have potatoes?
Jag tycker mycket om färsk potatis.
I really like new potatoes.
Du äter för mycket potatis.
You eat too many potatoes.

183

(d) **en massa konservburkar** Remember (Section 32) that nouns of amount, whether general or specific, are not followed by 'of':

ett kilo ost	a kilo of cheese
två liter bensin	two litres of petrol
ett glas mjölk	a glass of milk
en flaska vin	a bottle of wine

(e) **just ikväll** 'this very evening'. Swedish **just** is something of a 'false friend' for English speakers since it can only mean 'precisely', 'exactly' and can never mean 'only':

just det	exactly that, precisely so
bara du och jag	just (only) you and me

(f) **ett äldre par** 'an elderly couple'. This is an example of an absolute comparative – that is, the comparative adjective is being used to indicate 'fairly' without any true comparison being made:

en mindre stad	a smallish town
en större summa pengar	a largish sum of money

(g) **att jag någonsin haft så roligt** It is quite common for the auxiliary **har** to be left out of subordinate clauses.

Exercise 66

*Using the **s**-passive, give the Swedish for:*

1 The letter was sent yesterday.
2 Their house has already been sold.
3 Helena will be operated on next Tuesday.
4 The potatoes must be peeled before 5 o'clock.
5 The bicycle was invented a hundred years ago.

Exercise 67

*Using the **bli**-passive, give the Swedish for:*

1 Bengt and Karin were also invited to the party.
2 The prawns will not be appreciated by Karin.
3 The tins have not been opened.
4 The wine was never ordered.
5 Helena is often kissed by Pelle.

Exercise 68

*Rewrite the following sentences using the reciprocal **s**-form instead of **varandra**:*

1 De träffade varandra på festen.
2 Vi ser varandra nästan varje dag.
3 Ni ska väl träffa varandra nästa vecka?
4 Varför måste ni kyssa varandra hela tiden?
5 Hur länge är det sedan vi såg varandra?

Vocabulary to Chapter 11

allihopa	all, the whole lot	flaska-n-or	bottle
alltför	all too	framför	in front of
allvarlig	serious	färsk	fresh, new
andas (1)	to breathe	grund-en-er	reason, basis
anmälan–	application, announcement	gulna (1)	to go yellow
		gäst-en-er	guest
		helgdag-en-ar	bank holiday
		höger	right
av	by, of	inbjuda (4	to invite
bland	among	bjuder, bjöd,	
blankett -en-er	form	bjudit)	
		inklusive	including
blek	pale	innan dess	before then
blekna (1)	to go pale	institution	university
blåna (1)	to go blue	-en-er	department
bränna (2)	to burn (trans)	jämföra (2)	to compare
burk-en-ar	tin, can	kallna (1)	to grow cold
cirka	approximately	kilo-t–	kilo
direkt	direct	konserv	tinned or
diska (1)	to wash up	-en-er	bottled food
diskutera (1)	to discuss	Kristus	Christ
dränka (2)	to drown (trans)	kräkas (2)	to vomit
		kyla (2)	to chill
drunkna (1)	to drown (intrans)	kök-et–	kitchen
		laga (1)	to prepare, fix, mend
duga (4 duger, dög, dugt)	to be fitting, good enough		
duka (1)	to lay (table)	liter-n–	litre
dylik	of that sort, the like	ljus	light
		ljusna (1)	to grow light
däremot	on the other hand	lyckad	successful
		lyckas (1)	to succeed
eld-en-ar	fire	låtsas (1)	to pretend
enligt	according to	lämna (1)	to hand (to), to leave
extra	extra, more		
finnas (4)	to be, to exist	massa-n-or	lot, mass, crowd

minnas (2)	to remember	särskild	special
människa	person (*pl*	sätta igång (4	to start, get
-n-or	people)	sätter, satte,	going
mörk	dark	satt)	
mörkna (1)	to grow dark	trafik-en	traffic
nervös	nervous	trappa-n-or	staircase
nummer,	number	trivas (2)	to feel at
numret–			home, like it
nästan	almost	tyckas (2)	to seem
observera (1)	to observe,	umgås (4)	to go round
	to note		with
omkring	about, around	underhålla (4	to entertain,
operation	operation	håller, höll,	amuse
-en-ar		hållit)	
operera (1)	to operate	uppfinna (4	to invent
potatis-en-ar	potato	finner, fann,	
rodna (1)	to blush	funnit)	
rolig	fun,	uppfinning	invention
	entertaining	-en-ar	
ryka (2)	to smoke	uppskatta (1)	to appreciate
	(*intrans*)	vakna (1)	to wake
räka-n-or	prawn,		(*intrans*)
	shrimp	vardagsrum	living room
sak-en-er	matter, things	-met–	
själv	self (myself,	vegetarian	vegetarian
	yourself	-en-er	
	etc.)	verka (1)	to seem, give
skada (1)	to injure,		the
	damage		impression
skala (1)	to peel	vidare	further
sovrum-met–	bedroom	väcka (2)	to wake
sparka (1)	to kick		(*trans*)
styck	(a)piece, each	vänster	left
ställa (2)	to put, stand	å-n-ar	river
summa-n-or	total, sum	åldras (1)	to age
svartna (1)	to go black	ägare-n–	owner
synas (2)	to appear		
säng-en-ar	bed		

Chapter 12

The final chapter of your course includes:
- the pairs of words 'either ... or', 'both ... and', and so on
- ways of translating 'all' and 'whole'
- the useful pronoun man ('one', 'you')
- ways of expressing 'this one', 'the ones', and so on
- notes on some verbs that present problems for English speakers
- guidelines for spelling Swedish correctly.

91 'Either... or', 'neither... nor', 'both... and'

Antingen... eller 'either... or':

Han vill antingen resa till Malmö eller till Lund.
He wants to go either to Malmö or to Lund.

If the statement starts with **antingen** there must be inversion:

Antingen reser han till Malmö eller till Lund.
He is either going to Malmö or to Lund.

Varken... eller 'neither... nor':

Hon vill varken äta eller dricka.
She will neither eat nor drink.

Både... och 'both... and':

Hon vill både äta och dricka.
She wants both to eat and to drink.

Både Karin och Gunilla var på festen.
Both Karin and Gunilla were at the party.

Note carefully that when it is just 'both' as opposed to 'both... and' the form must be the plural **båda**:

Båda kvinnorna var på festen.
Both the women were at the party.

92 'All' and 'whole'

All (allt, alla), allting 'all', 'everything':

Just as in English, the noun following **all** may or may not be accompanied by the definite article or a possessive word:

Han köpte all maten.
He bought all the food.

Allt hopp är ute!
All hope is gone!

Han gjorde av med alla sina pengar.
He spent all his money.

Allt and **allting** standing alone mean 'everything' and are synonymous:

Hon säger att hon vet allt om Spanien.
She says she knows everything about Spain.

Alla standing on its own means 'everyone' but remember that it is formally plural and thus any adjective that goes with it will have to be plural:

Alla tycker om henne.
Everyone likes her.

Alla är så glada idag.
Everyone is so happy today.

When English 'all' can be replaced by 'whole', Swedish will use **hel:**

Han bodde där ett helt år.
He lived there for a whole year.

When the definite form **hela** is used the noun will take only the end-article:

Han satt och läste hela dagen.
He sat reading all day.

93 'Man', 'en', 'ens'

The very common general pronoun **man** ('one', 'you', 'they', 'people') can only be used as a subject. The object and possessive forms, which are much less common, are respectively **en** and **ens**:

Man måste arbeta för att tjäna pengar.
One has to work in order to earn money.

Det kan hända att polisen stoppar en för att kontrollera ens körkort.
It might happen that the police stop one in order to check one's driving licence.

The possessives **sin, sitt, sina** operate with **man** in exactly the same way as with **han** etc. (See Section 52):

Man älskar sina barn.
One loves one's children.

94 'What sort of...?'

The expression **vad ... för (en/ett)** ... ? 'what sort of (a)... ? is not affected by gender or number.

Vad köpte du för ost?
What sort of cheese did you buy?

Vad har du för bil nu?
What kind of car have you got now?

95 'Ones'

Swedish uses the adjective alone in most situations where English substitutes 'one(s)' for the missing noun. The adjective must agree with the gender and number of the noun it is standing in for:

Ska jag ta den svarta kjolen? Nej, ta den vita.
Shall I take the black skirt? No, take the white one.

Lindbergs har en grön bil och en röd.
The Lindbergs have a green car and a red one.

Gamla människor är klokare än unga.
Old people are cleverer than young ones.

Sådan (sådant, sådana) 'such' may be used with a noun (but the position of the indefinite article differs from English):

Jag har aldrig läst en sådan bok förr.
I have never read such a book before.

Min fru tycker inte alls om sådana böcker.
My wife doesn't like such books at all.

It may also be used without a noun and then has the sense 'one(s) like that' or 'such things' or 'the like':

Vilket fint hus! Jag skulle vilja ha ett sådant!
What a fine house! I should like one like that!

Sådant tolereras inte här!
Such things will not be tolerated here!

96 'Utan' and 'utom'

Utan can be a preposition meaning 'without':

Han kommer alltid utan pengar.
He always comes without money.

It can also be a conjunction meaning 'but' (Section 43). It should be used instead of **men** only when the preceding clause is negative *and* when the **utan** clause contradicts it:

Hans bil är inte gammal utan ganska ny.
His car is not old but quite new.

Compare this with a statement without any contradiction:

Hans bil är inte gammal men den är rostig.
His car is not old but it is rusty.

191

Utom is a preposition meaning 'but' in the sense of 'except':

Alla utom Jan var på festen.
Everyone apart from Jan was at the party.

Exercise 69

Give the Swedish for:

1   He did everything he could (in order) to help.

2   Both Mum and Dad were sitting in the living room.

3   The whole school hoped that he would win.

4   Such things often happen in a big town.

5   They say that he invented both the bicycle and the car!

6   He often goes to the cinema without his wife.

7   What sort of bicycle did you buy?

8   She can neither speak nor write Finnish.

9   We have read all his books but one.

10 They are not young but they are happy.

11 Which table shall I buy? Take the big one.

12 Everyone blushed when they saw that photo.

---

97 Some problem verbs

(a) English 'ask' may be translated by either **be** or **fråga** depending on the meaning. **Be** (4, **ber, bad, bett**) means 'to ask for', 'to ask someone to do something', 'to request':

Hon bad mig om hjälp.	She asked me for help.
Vi bad honom göra det.	We asked him to do it.

Fråga (1) is 'to ask a question', 'to enquire':

Jag ska fråga expediten.
I'll ask the assistant.

(b) English 'know' may be translated by **veta, känna** or
kunna. Veta is 'to know facts', 'to have information':

Hon vet en hel del om den svenska historien.
She knows a good deal about Swedish history.
Vet du, om han tänker komma till festen?
Do you know if he intends coming to the party?

Känna is 'to know people':

Känner du Åke Lindberg?
Do you know Åke Lindberg?

Kunna is 'to know languages and subjects', 'to have
learned':

Han kan franska, tyska och spanska.
He knows French, German and Spanish.

**Jag vet att du känner Åke Lindberg som kan franska,
tyska och spanska.**
I know that you know Åke Lindberg, who knows
French, German and Spanish.

(c) English 'live' may be either **bo** or **leva** (2). **Bo** is 'to be
resident', 'to dwell':

Lindbergs bor i södra Sverige.
The Lindbergs live in southern Sweden.

Leva is 'to be alive', 'to live a... life':
Gustav Vasa levde på 1500-talet.
Gustav Vasa lived in the 16th century.

Nu lever de lyckliga och älskar varandra.
Now they live a happy life and love each other.

(d) English 'think' may be **tro, tycka** or **tänka. Tro** is 'to believe':

Jag tror att jag håller på att bli sjuk.
I think I'm going to be ill.

Tycka is 'to hold a personal opinion', 'to feel', 'to reckon':

Gunilla tyckte att Erik var en charmig ung man.
Gunilla thought that Erik was a charming young man.
Tycker du inte att Sverige är ett vackert land?
Don't you think that Sweden is a beautiful country?

Tänka is 'to ponder', 'to intend':

Vad tänker du göra imorgon?
What are you thinking of doing tomorrow?
Jag kan inte tänka när du pratar!
I can't think when you are talking!

(e) English 'want' may be followed by either a verb or a noun: 'I want to go to America'; 'I want that car'. **Vilja,** however, is almost invariably followed by a verb, so English 'want' + noun should be translated by **vilja ha:**

Hon ville resa till Amerika men han ville ha en ny bil.
She wanted to go to America but he wanted (to have) a new car.

(f) English 'have' may be used among many other things to mean 'to eat', 'to drink', to receive', 'to be compelled to'. Each needs a different rendering in Swedish:

äta: Ska vi äta frukost idag?
Shall we have breakfast today?
dricka: Han drack två flaskor vin på festen.
He had two bottles of wine at the party.
få: Jag har inte fått ditt brev än.
I haven't had your letter yet.
måste: Du måste köpa hans senaste bok.
You have to buy his most recent book.

(g) English 'get' may mean 'to receive', 'to arrive' or 'to become'. Swedish will use different verbs:

få: Jan fick en bil, en båt, en boll och en bok.
Jan got a car, a boat, a ball and a book.
komma: Hur dags kommer vi till Kiruna?
What time do we get to Kiruna?
bli: Jag vill inte bli arg!
I don't want to get angry!

Exercise 70

Give the Swedish for:

1 Shall we go and have lunch somewhere?

2 He asked me to buy the train tickets.

3 They thought Sweden was more beautiful than France.

4 When I get to America I intend to be rich.

5 I know him and I knew his father.

6 He thinks the shops are closed today.

7 The little boy wanted everything in the shop.

8 We'll have to think about it.

9 Ask that man if he knows where Kungsgatan is.

10 I thought it was Bergman's most boring film.

Exercise 71 and Reading Text

Read this text with the help of the vocabulary list. Then read Section 98. Finally, translate the text into English. (A fairly literal translation is provided in the key.)

allt mer	more and more
kasta (1)	to throw

föreställning-en-ar	performance
ensam	alone
bestämma (2)	to decide
snabb	quick
stund-en-er	short time, while
i fall	in case, if
kamrat-en-er	friend
skylla på (2)	to make an excuse that, blame
upptagen	busy
ibland	sometimes
tvungen	forced, compelled
föredra (4, drar, drog, dragit)	to prefer
själv	(by) my/your/him/herself etc.
förskingra (1)	to embezzle
märka (2)	to notice
just det att	the very fact that
tillsammans	together
hemlighet-en-er	secret, secrecy
smita (4, smiter, smet, smitit)	to sneak, skive, clear off
poäng-en-er	point (here 'bonus', 'plus')
tystnad-en-er	silence
ensamhet-en	loneliness
mörker, mörkret	darkness
ljus-et–	light
ridå-n-er	curtain (in theatre)
släcka (2)	to extinguish
ro-n	peace, calm
lättnad-en	relief
måne-n-ar	moon

Jag hade börjat gå allt mer på bio. Ofta kastade jag mig på cykeln efter skolan och åkte ner till någon biograf som hade eftermiddagsföreställning. Jag gick alltid ensam. Jag kunde titta i tidningen på morgonen och bestämma vad jag skulle se. Sedan tänkte jag i skolan ut den snabbaste cykelvägen genom staden så att jag skulle hinna den korta stunden mellan det att skolan slutade och filmen började. I fall någon av mina skolkamrater frågade om vi skulle göra

någonting på eftermiddagen skyllde jag på att jag var
upptagen. Ibland sade jag att jag var tvungen att åka till
farmor för att hjälpa henne med något. Jag föredrog att gå
själv på bio.

För att få pengar till bion förskingrade jag från min
bankbok eller stal från mamma. Hon märkte aldrig
någonting. I alla fall undrade hon aldrig vad jag gjorde på
eftermiddagarna. Skulle mamma bort en kväll hann jag ner
på en kvällsföreställning också. Men oftast var det på
eftermiddagarna jag gick. Just det att alla andra människor
var på sina arbeten eller att mina kompisar var ute
tillsammans och gjorde något, medan jag själv i hemlighet
smet in på en bio var en poäng i sig. Tystnaden och
ensamheten i mörkret när ljusen framme vid ridån släcktes
gav mig ro och lättnad.

From *Månen vet inte* by Niklas Rådström (1990).

98 Grammar and idioms in the text

(a) **allt mer** 'more and more'. Where English uses repetition
of the comparative Swedish uses **allt:**

allt bättre	better and better
allt fortare	more and more quickly

(b) **Ofta kastade jag mig på cykeln...** Notice that **cykeln** has
the definite article rather than the possessive 'my' that
English uses. In the case of parts of the body, clothing
and possessions whose ownership is quite clear from the
context, Swedish prefers the definite article to the
possessive:

Ta av dig överrocken!	Take off your overcoat!
Hon tvättade händerna.	She washed her hands.

(c) **Jag kunde titta i tidningen...** Notice the use of **kunna** to
cover 'might', 'might happen to'.

(d) The adverbs **sedan** and **då,** both meaning 'then', have to be distinguished: **sedan** means 'then', 'next', 'after that' whereas **då** means 'then', 'at that time'.

(e) **Hinna** 'to manage to...', 'to have time to...' is very commonly used without any completing verb:

Han hann inte till tåget.
He didn't manage (to catch) the train.
Jag hinner inte.
I haven't got time (to do whatever it is).

Another of the English senses of 'manage' i.e. 'have the strength to', 'have the energy to' is covered by Swedish **orka** (1) which is also frequently used without a completing verb:

Han orkade inte lyfta pianot.
He didn't manage to lift the piano.
Orkar du?
Do you have the energy?

(f) **... den korta stunden mellan det att skolan slutade och filmen började.** Notice the construction here. The natural English would be to use '-ing' forms: 'between school finishing and the film starting'. That, however, would not make natural Swedish (see Section 51). **Mellan** alone is the preposition of time or place meaning 'between':

Han satt mellan Erik och Gunilla.
He sat between Erik and Gunilla.
Lunch serveras mellan kl. 12 och kl.2.
Lunch is served between 12 o'clock and 2 o'clock.

When a conjunction is needed, however, the expanded form **mellan det att** ('between the time when... and... ') must be used.

The preposition **efter** ('after') causes a similar problem for English speakers. English 'after' can be both a preposition and a conjunction:

Preposition He arrived after 6 o'clock.
Conjunction We left after he had arrived.

Swedish **efter** can only be a preposition and the expanded form **efter det att** is the conjunction:

Preposition **Han kom efter kl.6.**
Conjunction **Vi gick efter det att han hade kommit.**

Sedan may also be used as the conjunction 'after':

Vi gick sedan han hade kommit.

(g) **farmor** Nouns of family relationship show whether the relationship is on the maternal or the paternal side of the family.

mor, modern, mödrar	mother
mormor, mormodern, mormödrar	grandmother (mat.)
morfar, morfadern, morfäder	grandfather (mat.)
moster, mostern, mostrar	aunt (mat.)
morbror, morbrodern, morbröder	uncle (mat.)
far, fadern, fäder	father
farmor, farmodern, farmödrar	grandmother (pat.)
farfar, farfardern, farfäder	grandfather (pat.)
faster, fastern, fastrar	aunt (pat.)
farbror, farbrodern, farbröder	uncle (pat.)

This could be continued. Fortunately, 'cousin' is **kusin-en-er.**

(h) **själv** A distinction has to be made between **själv (självt, själva)** which is purely for emphasis and the reflexive pronouns **mig, dig, sig** etc. (see Section 31).

Han rakade sig.
He shaved.
Han gjorde det själv.
He did it himself.
Statsministern själv ska komma.
The Prime Minister himself is coming.

199

Själv must agree with the noun or pronoun it refers to:

Vi har inte varit i Frankrike själva.
We haven't been to France ourselves.

(i) **skulle mamma bort en kväll...** There are two points to notice here. Firstly, the omission of **gå**: this is not uncommon with **skola** when it is accompanied by an adverb of motion such as **bort**. Idiomatic English has similar phrases such as 'Are you off now?', 'Are you away now?' Secondly, this is a conditional clause (see Section 55) with the **om** ('if') omitted. When this is done the word order must be inverted:

Om jag hade pengar, skulle jag resa till Afrika. /
Hade jag pengar, skulle jag resa till Afrika.
If I had money, I would travel to Africa.

This is the only situation in which inversion is possible in a subordinate clause. The same construction is occasionally found in English:

Were I to do that, she would be really angry.

99 Spelling

On the whole Swedish spelling offers few problems. The following guidelines cover must of them.

Capital letters
These are used much less than in English. Use them only:

(a) At the beginning of a sentence and for the first word of a direct quotation. **Han sade: 'Nu ska vi gå!'**
(b) In proper names: **Åke Lindberg, Kungsgatan, Stockholm, Sverige.**
(c) For the first word only of a title (including books), name, institution etc.: **Nya testamentet, Förenta staterna, Svenska akademien.** There are some individual exceptions (**Sveriges Radio**) and street names with two

elements are a consistent exception: **Västra Hamngatan**.
(d) **Ni** and **Er** are often still capitalised in formal letters; **Du,**
Dig etc. are sometimes still given capitals in letters.

Doubling of 'm' and 'n'
The standard rule in Swedish is that a long vowel is
followed by a single consonant and a short vowel by two or
more consonants. There are, however, many words with
short vowels that end in a single **m** or **n**: **man, rum, vän,**
hem.

In such words **m** or **n** is doubled when the addition of an
ending places the **m** or **n** between vowels: **man, mannen;**
rum, rummet; hem, hemma. There is no doubling when the
m or **n** is preceded by a long vowel: **fin, fina: tam, tama**
('tame').

Words that already contain **mm** or **nn** lose the doubling
when the addition of an ending places another consonant
after them: **känna, kände; glömma, glömde; sann, sant.**

Silent letters
In colloquial speech sounds that are written are commonly
omitted at the end of a word. Particularly common are the
following (with the sound omitted in brackets): **da(g); de(t);**
go(d); ja(g); me(d); månda(g) etc; **o(ch); ti(ll); va(d).**

The very common adjective suffix **-ig** usually loses its **-g** in
speech; **roli(g): trevli(g).**

A number of common words lose a middle consonant:
da(ge)n; mor(g)on (*always*); **nå(go)n; sta(de)n; så(da)n;**
vär(l)d ('world' *always*).

Variant spellings
Here are the different ways of spelling the...:

j [y]of **ja: djur** ('animal'); **gjorde; Göran; hjärta; jul; ljus.**
k [ch] of **köpa: köra; kjol; tjugo.**
sk [sh] of **skicka; sju; skida; skjorta; stjärna** ('star')

Spelling and pronunciation at odds

As we have noted, there are a few very common words where standard spelling and standard pronunciation do not match: **mig** [may]; **dig** [day]; **sig** [say]; **de/dem** [dom]. In informal writing these will often be found written as **mej, dej, sej, dom.** Remember also **är** [ay].

Vocabulary to Chapter 12

Afrika	Africa	**hel del (en)**	a good deal
akademi-en-er	academy	**hemlighet-en**	secret,
alls	at all	**-er**	secrecy
allt mer	more and more	**historia,** **historien,** **historier**	history, story
allting	everything		
antingen... **eller**	either... or	**hjälp-en-er**	help
		hopp-et	hope
bestämma (2)	to decide	**i fall**	in case, if
boll-en-ar	ball	**ibland**	sometimes
både... och	both... and	**just det att**	the very fact that
charmig	charming, dashing		
		kamrat-en-er	friend
djur-et–	animal	**kasta** (1)	to throw
ensam	alone	**klok**	clever
ensamhet-en	loneliness	**kontrollera** (1)	to check
farbror, **farbrodern,** **farbröder**	uncle (pat.)	**kusin-en-er**	cousin
		körkort-et–	driving licence
farfar, **farfadern,** **farfäder**	grandfather (pat.)	**leva** (2)	to live
		ljus-et–	light
		lättnad-en	relief
farmor **farmodern,** **farmödrar**	grandmother (pat.)	**morbror,** **morbrodern,** **morbröder**	uncle (mat.)
faster, fastern, **fastrar**	aunt (pat.)	**morfar,** **morfadern,** **morfäder**	grandfather (mat.)
föredra (4, **drar,** **drog, dragit)**	to prefer		
föreställning **-en-ar**	performance	**mormor,** **mormodern,** **mormödrar**	grandmother (mat.)
förskingra (1)	to embezzle		

moster,	aunt (mat.)	**snabb**	quick
mostern,		**stjärna-n-or**	star
mostrar		**stoppa** (1)	to stop
måne-n-ar	moon	**stund-en-er**	short time,
märka (2)	to notice		while
mörker,	darkness	**sådan**	such
mörkret		**ta av** (4, **tar,**	to take off
orka (1)	to manage,	**tog, tagit)**	
	have the	**tam**	tame
	strength	**testamente-t-n**	testament
ost-en-ar	cheese	**tillsammans**	together
piano-t-n	piano	**tjäna** (1)	to earn
poäng-en-er	point (here	**tolerera** (1)	to tolerate
	'bonus',	**tvinga** (4,	to force,
	'plus')	**tvinger, tvang,**	compel
ridå-n-er	curtain (in	**tvungit)**	
	theatre)	**tystnad-en-er**	silence
ro-n	peace,	**upptagen**	busy
	calm	**utom**	but, except
rostig	rusty	**vad... för...**	what sort of...
skylla på	to make an	**varken... eller...**	neither.... nor
	excuse that,	**värld-en-ar**	world
	blame		
släcka (2)	to extinguish		
smita (4,	to sneak,		
smiter, smet,	skive, clear		
smitit)	off		

Reading practice

Ibland brukade jag sitta och se på mina elever, när de arbetade med någon skriftlig uppgift, och försöka gissa vad de tänkte på och vad de längtade till. Han där, tänkte jag, sitter väl och hoppas att fotbollsplanen ska vara torr, så att han kan sparka boll i eftermiddag, för på fotbollsplanen är han kung. Han där tänker antagligen på sin motorcykel, för han kör motorcross på varje ledig stund, det har han berättat i en uppsats; sedan sitter han av skoltimmarna ungefär som ett fängelsestraff, så slö att somliga lärare tror att han är sjuk. Hon där har huvudet fullt av kärleksromaner. Och blondinen som sitter och pratar framför henne tänker väl på sin kille; hon skall bli damfrisörska, så hon tror att hon inte behöver lära sig något. I andra ansikten kunde jag bara utläsa sömnighet eller vantrivsel och hos några en absurd iver att bli först färdiga med övningsuppgifterna. Många var olidliga att ha som elever, men även de lataste och grinigaste besatt en valpig livsglädje som hängde ihop med deras ålder och som fick mig att förlåta dem det mesta.

Sista timmen en fredag när jag satt så och funderade, stegade rektorn in i salen. Det var en kraftig karl med buskiga ögonbryn, som eleverna var livrädda för, och nu flög de upp i stående ställning, som de hade blivit lärda. Han nickade kort till mig och tog genast till orda:

– Jag ska be att få tala med den eller dom som har kastat pappershanddukar i korridoren!

Tystnad. Han mönstrade bistert de uppskrämda ansiktena.

– Jag har vittnen som väntar utanför dörren, så det är ingen idé att neka! Men jag vill ge den skyldige en chans att anmäla sig frivilligt. Om vederbörande vill vara så god att stiga fram!

Ingen rörde sig.

– Nå, då får vi väl kalla in vittnena då och peka ut kraken...! Fortfarande ingen som har kurage nog att stiga fram? Tråkigt. Otrevlig historia det här. Jag ser mycket allvarligt på detta.

Taken from *Dagar och nätter i Paris och Göteborg* by Claes Hylinger, 1975.

204

Sometimes I used to sit and look at my pupils when they were working on a written exercise and try to guess what they were thinking about and what they were longing for. Him there, I thought, he is undoubtedly sitting and hoping that the football pitch will be dry so that he can kick a ball this afternoon, because he is a king on the football pitch. That one there is probably thinking of his motor-bike because he rides motocross every free moment – he told about it in an essay; then he sits out the school hours rather like a prison sentence, so listless that some teachers think he is ill. The girl there has her head full of novels about love. And the blonde who is sitting and talking in front of her is undoubtedly thinking of her boyfriend; she is going to be a ladies' hairdresser so she doesn't think that she needs to learn anything. From other faces I could only read somnolence and unhappiness, and in some of them an absurd eagerness to be the first to finish the exercises. Many of them were insufferable to have as pupils but even the laziest and most whining of them possessed a puppy-like joy in life that went with their age and which made me forgive them for most things.

In the last hour one Friday when I was sitting in this way and pondering, the headmaster strode into the classroom. He was a powerfully built man with bushy eyebrows whom the pupils were terrified of, and now they all shot up into a standing position as they had been taught. He gave me a short nod and immediately started speaking:

'I should like to speak to the one or ones who have been throwing paper towels in the corridor.'

Silence. He scrutinised the terrified faces sternly.

'I have witnesses waiting outside the door, so there is no point in denying it. But I want to give the guilty one a chance to declare himself voluntarily. If the person concerned would be kind enough to step forward.'

No one moved.

'Well, then we shall have to call in the witnesses and point out the wretch...! Is there still no one who has the courage to step forward? Tiresome. Unpleasant business this. I take a very serious view of this.'

August Strindberg, en av de stora svenska författarna, kanske den störste, skrev en gång att det är svårt att älska Sverige. Han var mycket besviken på sitt land, som bland annat hade tvingat honom till exil.

Så han skrev att det var svårt att älska Sverige, men att man "måste försöka!"

Jag tänker på det varje gång jag får problem i det här landet, och det får jag ofta. Det är inte särskilt stora problem. Det handlar för det mesta om små vardagliga problem.

Jag förstår t. ex. inte varför det uppstår köer överallt. Om jag får för mig att köpa en korv och går ner till kiosken vid Mariatorget, där jag arbetar, då kan jag vara säker på att det redan står tre-fyra stycken framför mig.

Om jag går till banken är det samma sak, för att inte tala om posten. Köer, köer. Jag blir vansinnig och det som gör mig vansinnig är att de människor som ska betjäna de köande inte tycks ha bråttom. Snarare tvärtom. Ju fler som står i kö, desto långsammare arbetar man.

Det ser ut som om de gör det med flit. Jag har räknat ut att köandet tar ifrån mig minst två hela arbetsdagar per månad. Jag kommer hem förbannad och grälar på min svenska fru för det. Men hon låter sig inte nedslås.

Och hur är det i ditt land? säger hon och sätter igång och påminner mig om den gången hon förlorade en hel veckas semester i fåfänga försök att inkassera en check. Och när hon till slut hade kommit fram till kassan var kassören borta eftersom det just hade utbrutit en strejk.

Eller den gången i Rom då *Expressen* hade skickat pengar till mig för en artikel och vi fick springa runt till femton olika banker innan vi fann en människa som ens begrep ett ord på engelska.

Så är det med allting. Jag hinner knappt öppna munnen för att höja min klagoröst förrän hon kommer med förintande motexempel. Jag blir givetvis arg och sur i synnerhet som hon har alldeles rätt.

Det kan vara svårt att älska Sverige, men man måste, som Strindberg sade, försöka. Det är när allt kommer omkring det land på jorden där vardagen är enklast. Visst kan det bli en aning enformigt ibland, visst kan man sakna de upplivande bråken men ingenstans i världen är livet lika enkelt som i Sverige.

Taken from an article by Theodor Kallifatides in the immigrant newspaper *På lätt svenska*, 24 June 1992.

August Strindberg, one of the great Swedish authors, perhaps the greatest, once wrote that it was difficult to love Sweden. He was very disappointed in his country, which, among other things, had forced him into exile.

So he wrote that it was difficult to love Sweden but that one 'must try!'

I think of that every time I get problems in this country, and I get them often. They are not particularly big problems. For the most part it is a matter of small everyday problems.

I do not understand, for example, why queues form everywhere. If I take it into my head to buy a hot dog and go down to the kiosk by Mariatorget where I work, then I can be certain that three or four people will already be standing in front of me.

It is the same thing if I go to the bank, not to mention the post office. Queues, queues. I go crazy and what makes me crazy is that the people who are supposed to serve those queueing don't seem to be in a hurry. Rather the opposite. The more there are standing in the queue the slower they work.

It looks as if they are doing it on purpose. I have worked out that queueing takes at least two whole working days a month from me. I arrive home furious and pick a quarrel with my Swedish wife about it. But she doesn't let herself be crushed.

'And how is it in your country?' she says and gets going and reminds me of the time she lost a whole week's holiday with vain attempts to cash a cheque. And when she finally reached the cash desk the cashier was gone because a strike had just broken out.

Or the time in Rome when *The Express* had sent money to me for an article and we had to run round to fifteen different banks before we found one person who even understood a word of English.

That's how it is with everything. I scarcely manage to open my mouth to raise my voice in complaint before she brings up annihilating counter-examples. I, of course, get angry and sulky, particularly as she is completely right.

It can be difficult to love Sweden but one must, as Strindberg said, try. It is, when all is said and done, the country on this earth where everyday life is simplest. Certainly it can be a shade monotonous sometimes, certainly one can miss refreshing rows, but there is nowhere in the world where life is as simple as in Sweden.

Key to exercises and drills

LESSON 1

Exercise 1: A 1 ett 2 en 3 en 4 en 5 ett 6 ett 7 en 8 ett 9 ett
10 en 11 en 12 ett **B** 1 barnet 2 sjukdomen 3 fisken 4 nationen
5 problemet 6 biblioteket 7 fågeln 8 huset 9 hjärtat
10 sommaren 11 påsken 12 faktumet

Exercise 2: 1 kvinnan 2 ett apotek 3 månaden 4 jul
5 stationen 6 flickan 7 Sverige 8 en gata 9 katten 10 ett rum
11 ett museum 12 läraren

Exercise 3: 1 Han har en bil. 2 De har ett hus. 3 Jag är
gammal. 4 Bilen är ny. 5 Ni har ett barn. 6 Flickan är vacker.
7 Vi har ett problem. 8 Du är ung. 9 Fågeln är ful. 10 Jag är
här. 11 Han har en katt och en hund. 12 Här är stationen.

Exercise 4: 1 hösten 2 gatan 3 stationen 4 rörelsen 5 pojken
6 huset 7 läraren 8 fågeln 9 månaden 10 hjärtat 11 barnet
12 äpplet

Exercise 5: 1 Pojkar och flickor 2 Hon har två bilar. 3 Vi har
fyra barn. 4 De är kvinnor. 5. Stockholm har många gator.
6 Gatan har tio hus. 7 Jag har fem äpplen. 8 Flickan har tre
katter. 9 Läraren har en hund. 10 Bilen är bra. 11 Hur många
pojkar är i huset? 12 En kvinna som har många barn.

Drill 1: 1 Ja, det har jag. Nej, det har jag inte. 2 Ja, det har
hon. Nej, det har hon inte. 3 Ja, det är de. Nej, det är de inte.
4 Ja, det är jag. Nej, det är jag inte. 5 Ja, det är det. Nej, det är
det inte. 6 Ja, det är han. Nej, det är han inte. 7 Ja, det har de.
Nej, det har de inte. 8 Ja, det har vi. Nej, det har vi inte.

Exercise 6: 1 Ja, det är de. 2 De har två barn. 3 Pojken/Han
heter Erik. 4 Flickan/Hon heter Karin. 5 De har en hund.
6 Nej, hunden/den/han är gammal *or* Nej, det är han/den
inte. 7 Huset/Det har fem rum. 8 Gatan/Den heter
Trollbergsgatan.

Exercise 7: Eva and Gunnar are teachers in Stockholm. They have two children – a boy and a girl. The boy is called Erik and the girl is called Karin. They also have a dog which is called Bill and a cat which is called Puss. They live in a house with five rooms on Trollbergsgatan. The cat is very young but the dog is old.

LESSON 2

Exercise 8: 1 jag går 2 han jobbar 3 de tittar 4 vi åker 5 ni skriver 6 hon tror 7 du får 8 ni kommer 9 de bor 10 han är 11 hon har 12 vi köper 13 han stannar 14 jag åker 15 jag tror

Exercise 9: 1 Bussen kommer snart. 2. Vi åker till Stockholm imorgon. 3 Pojken och flickan går i skolan. 4 Hur åker du/ni till Sverige? 5 Jag åker tåg. 6 De bor i ett hus i staden. 7 Hon åker skidor i skogen idag. 8 Kvinnan jobbar på en affär. 9 Flickan kommer från Malmö. 10 Vi går på bio. 11 Han går till kontoret i staden. 12. Hur många barn åker skidor nu? 13 Han tittar på ett hus på Storgatan. 14 Pojken köper en cykel imorgon.

Exercise 10: 1 gator gatorna 2 barn barnen 3 hjärtan hjärtana 4 hus husen 5 tåg tågen 6 skidor skidorna 7 bord borden 8 höstar höstarna 9 fåglar fåglarna 10 städer städerna 11 äpplen äpplena 12 cyklar cyklarna 13 skogar skogarna 14 bibliotek biblioteken 15 stationer stationerna 16 flickor flickorna 17 bilar bilarna 18 båtar båtarna 19 varuhus varuhusen 20 skolor skolorna

Exercise 11: 1 Hur många böcker köper du? 2 Varför åker ni till Sverige? 3 Vem skriver boken? 4 Var bor kvinnan? 5 Varifrån kommer pojken/Var kommer pojken ifrån? 6 Vad gör man? 7 Vilka flickor bor i huset? 8 Hur gammal är pojken? 9 När åker de till Stockholm? 10 Vad skriver du?

Exercise 12: 1 Idag går vi på bio. 2 På vintern åker de skidor. 3 Nu har han fem bilar. 4 Så gammal är hon inte. 5 Det tror man i Sverige. 6 I huset bor en man och en kvinna. 7 Imorgon jobbar han. 8 Svenska och engelska talar vi inte.

Exercise 13: 1 Jag jobbar med honom. 2 De tittar/ser på oss. 3 Hon hör på dig. 4 Kvinnan väntar på mig. 5 Barnen tror er. 6 Han talar med henne.

Exercise 14: 1 bussarna 2 cyklarna 3 studenterna 4 åren 5 bankerna 6 kvällarna 7 kioskerna 8 tidningarna 9 äpplena

Exercise 15: 1 titta 2 tro 3 få 4 skriva 5 höra

Exercise 16: 1 Hon/Flickan heter Gunilla. 2 Jag heter (*your name*). 3 Hon är nitton år. 4 Hon studerar engelska. 5 (Hon jobbar på banken) på måndagar och fredagar. 6 Hon går på bio eller på teater. 7 Bussen/Den stannar vid stationen. 8 Hon köper en tidning och två äpplen.

Exercise 17: It's a Friday in winter and Gunilla is travelling by bus. In the summer she often goes by bicycle but now she is too tired. And it is snowing. Gunilla is a student. She is 19 years (old) and studies English but on Mondays and Fridays she works in a bank between two and five. In the evening she often goes to the cinema or to the theatre but today she is tired. The bus stops at the station and she gets off and goes up to the news-stand. There she buys a newspaper and two apples and then she walks home. How good that it's Friday!

LESSON 3

Exercise 18: 1 barnets cykel 2 landets hotell 3 pojkarnas båtar 4 kvinnans hus 5 flickornas katter 6 skolans barn 7 husets rum 8 Sveriges skogar

Exercise 19: 1 Kör hem! 2 Kom inte imorgon! 3 Var snäll och skriv till mig! 4 Hör på mig! 5 Drick kaffe! 6 Var snäll och kom snart! 7 Studera svenska! 8 Köp en båt! 9 Titta/Se på honom! 10 Vänta på oss!

Exercise 20: 1 Gunilla vill titta/se på affärerna. 2 Vi kan åka tåg till Malmö. 3 Du/Ni får inte köpa så många böcker. 4 Jag måste skriva sju brev idag. 5 Vem vill titta/se på TV/teve? 6 De vill inte åka skidor imorgon. 7 Jag kan inte höra dig/er. 8 När får vi se honom? 9 De kan inte öppna dörren. 10 Jag vill höra på musiken.

Exercise 21: 1 Olle har en svensk cykel. 2 Gunilla bor i ett stort hus. 3 Biljetterna är för dyra. 4 Jag måste köpa några billiga stolar. 5 Sveriges huvudstad är stor. 6 Vi ser många tråkiga filmer varje år. 7 Evas lägenhet är kall. 8 Han kör en dyr svensk bil. 9 Alla tjocka böcker är tråkiga. 10 Öppna dörren! Huset är för varmt.

Exercise 22: 1 brett 2 blått 3 vått 4 lätt 5 milt 6 tunt

Exercise 23: 1 dumma 2 gamla 3 små 4 nyktra 5 säkra

Exercise 24: 1 Huset har en stor vit dörr. 2 Små barn kan inte läsa tjocka böcker. 3 Varm mat är bra när vädret är kallt. 4 De är gamla och trötta. 5 Han jobbar i ett tomt hus. 6 Britas cykel är sönder. 7 Vi har en bra lägenhet men den är för liten. 8 Han skriver tråkiga brev till många vackra flickor. 9 Stackars Erik måste studera varje dag. 10 Skolan är slut och nu är vi fria!

Exercise 25: (a) tjugofyra (b) fyrtiosju (c) trettioåtta (d) sextiofem (e) femtiotre (f) sjuttionio (g) nittiotvå (h) åttioåtta (i) tjugoen flickor (j) sextioett hotell (k) (ett)hundrafyrtiotre (l) tvåhundratrettioen dagar (m) fyrahundrasjuttioett år (n) nittonhundranittiotvå

Exercise 26: 1 det 2 den 3 den 4 den 5 det 6 det 7 det 8 det 9 den

Exercise 27: 1 Vi åker till Sverige därför att det är ett vackert land. 2 De tycker om att simma i havet. 3 Idag är han nykter men lite trött. 4 Det är inte svårt att köra i Sverige. 5 Eva parkerar bilen på en tom gata. 6 Vi kan inte gå på bio varje dag därför att biljetterna är för dyra. 7 Solen skiner och havet är blått. 8 Nu regnar det och alla är våta. 9 En gammal kvinna läser boken för en liten pojke. 10 Flickans bror vill höra på musik. 11 Det finns många breda gator i Stockholm, Sveriges huvudstad. 12 Kan du/ni förstå vad han säger? 13 Stolen är bekväm men bordet är för litet. 14 Var snäll och vänta på mig! Jag kan inte springa! 15 Filmen är lång och tråkig och hon tycker inte om den.

211

LESSON 4

Exercise 28: 1 betalade 2 sydde 3 följde 4 bytte 5 avskydde 6 kollade 7 växte 8 kände 9 berodde 10 lyfte

Exercise 29: 1 Hon sydde en blå klänning för två dagar sedan. 2 Göran köpte fyra vita skjortor på varuhuset. 3 Han gick hem och bytte kläder. 4 Jan tände en cigarett och läste tidningen. 5 Evas nya mössa kostade 400 kronor. 6 Eva avskydde en ny tröja som Jan ville köpa. 7 Hur mycket kostade byxorna? 8 Han ville köpa henne en kjol. 9 De kunde inte glömma flickan i affären. 10 Vi tyckte om honom så snart (som) vi såg honom. 11 Det skedde för femton år sedan. 12 Jag kunde inte höra vad han sade. 13 De älskade barn och lekte med dem varje dag. 14 Byxorna var för stora och vindjackan var för liten. 15 Jag följde henne till en restaurang.

Exercise 30: 1 den vita skjortan 2 de gamla kläderna 3 det nya hotellet 4 den röda vindjackan 5 de gula byxorna 6 den billiga bilen 7 det stora huset 8 de gröna klänningarna 9 det långa tåget 10 de stora husen

Exercise 31: 1 Var snäll och köp de där bruna skorna. 2 Den gråa regnrocken var gammal och smutsig. 3 Den lilla pojken ville köpa de röda träningsskorna. 4 Den här svarta överrocken är för liten. 5 Gunilla köpte de här dyra nya strumpbyxorna igår. 6 Långa strumpor är för varma på sommaren. 7 Den där gula blusen kostar för mycket. 8 Jag betalade 450 kronor för den här lilla vindjackan. 9 Hon köpte den här regnrocken därför att det regnade. 10 Jag vill byta de svarta skorna.

Exercise 32: 1 sig 2 oss 3 sig 4 sig 5 dig 6 sig 7 oss 8 dig 9 dig 10 er

Exercise 33: 1 Han ville köpa ett par träningsskor. 2 Han har inte råd att köpa nya byxor. 3 Han har storlek 45. 4 De kostade 799 kronor. 5 Han ville dricka en kopp kaffe.

Exercise 34:

Assistant:	Hello. What can I do for you?
Lars:	Well, I'd like a pair of trainers.
Assistant:	We have these in white and those in blue.
Lars:	They have to match the trousers. I can't afford to buy new trousers.
Assistant:	Then it's best that you take the white ones. What is your size?
Lars:	Size 45. May I try them on?
Assistant:	Please do. Do they fit?
Lars:	Yes, they are really good. What do they cost?
Assistant:	799 crowns. But the quality...
Lars:	Yes, yes – I'll take them anyway. May I have a bag? And where is there a good café? Now I must drink a cup of coffee...

Exercise 35: 1 Evas mor var inte så fattig. 2 Jan tyckte inte om läraren. 3 Han kunde inte göra det. 4 Vi kan inte förstå svenska. 5 Jag dricker inte kaffe på morgonen. 6 Vi såg honom inte på tåget. 7 Erik köpte den inte igår. 8 Du kan inte gå på teater när du vill.

Exercise 36: 1 Imorgon ska vi gå på bio. 2 Varje dag jobbar jag på banken. 3 På kvällen åkte han hem. 4 Fem par skor köpte hon i Stockholm. 5 För femton år sedan bodde ni i Sverige.

LESSON 5

Exercise 37: (a) 1 (kl.) tretton och tjugofem 2 (kl.) sjutton och tio 3 (kl.) ett och fyrtio 4 (kl.) sex och trettiofem 5 (kl.) tio noll fem 6 (kl.) tolv och femton 7 (kl.) arton och femtiofem 8 (kl.) tre och femtio (b) 1 fem (minuter) över två 2 halv ett 3 kvart i åtta 4 tio (minuter) i elva 5 fem (minuter) i halv fyra 6 kvart över sju 7 fem (minuter) i nio 8 fem (minuter) över halv fyra

Exercise 38: 1 Hans skjorta är svart. 2 Våra studenter är unga. 3 Skorna är mina. 4 Hennes hatt är för stor. 5 Böckerna är våra. 6 Regnrocken är hennes. 7 Ert hus är gammalt. 8 Deras hund är vit. 9 Mina fötter är små. 10 Det är hennes kjol.

Exercise 39: 1 Vill du/ni köpa deras gamla kläder? 2 Hans lilla pojke tittar på TV. 3 De där böckerna är mina och de här böckerna är dina. 4 Jag tycker inte om hennes vita klänning. 5 Vår gamla skola var för liten. 6 Kan du/ni se mina röda byxor? 7 Det stora rummet är hennes och det lilla rummet är hans. 8 Jag kan inte läsa deras långa brev idag. 9 Min gröna regnrock kostade 100 kronor. 10 Hon tittade på Görans gula vindjacka. 11 Var är flickans nya cykel? 12 Den där kvinnans svenska bil är till salu.

Drill 2: 1 Jo 2 Ja 3 Jo 4 Jo 5 Ja 6 Jo 7 Ja 8 Jo

Exercise 40: 1 ljög 2 försvann 3 sken 4 njöt 5 teg 6 dög 7 bröt 8 vann 9 hann 10 rev 11 for 12 bar

Exercise 41: 1 Karin skrev ett långt brev. 2 Solen sken och vädret var vackert. 3 Olof var lärare i Malmö. 4 Pojkarna sprang till stationen. 5 Hon försvann klockan halv sju. 6 Han var socialist men nu är han katolik. 7 Pär sjöng för oss. 8 De sjöng alltid när de söp/drack. 9. Den unga engelsmannen teg. 10 Jag ville komma men jag hann inte.

Drill 3: 1 Det är Jan som åker till Sverige. 2 Det var hon som köpte böcker. 3 Det var pojken som sprang hem. 4 Det är Anna som tycker om barn. 5 Det är jag som kan komma imorgon. 6 Det var Lars som söp. 7 Det var vi som gick på bio igår. 8 Det var han som sjöng. 9 Det var hon som vann. 10 Det är Göran som ljuger.

LESSON 6

Exercise 42: 1 Han sade att han inte kunde förstå svenska. 2 Han sade att hon inte tyckte om honom. 3 Han sade att de gärna skulle gå på bio. 4 Han sade att hon kanske var lite för gammal. 5 Han sade att biljetterna ofta kostade lite för mycket. 6 Han sade att de sällan köpte sprit. 7 Han sade att Lars hellre ville bo i Malmö. 8 Han sade att jag kanske måste studera i Sverige.

Exercise 43: 1 Eftersom de har pengar, äter de middag på en restaurang. 2 Innan vi flyttade till Göteborg, bodde vi i Malmö. 3 När hon gick på bio, träffade hon honom ofta.

4 Att du inte tycker om romaner, vet jag. 5 Medan ni är i
Sverige, ska ni inte köpa nya kläder. 6 Varför du jobbar så
mycket, förstår jag inte. 7 Om du åker buss, kostar biljetten
bara 5 kr. 8 Eftersom det regnar, ska vi stanna hemma idag.

Exercise 44: 1 Du/Ni måste köpa de där nya kläderna, innan
affärerna stänger. 2 Berit är tolv år (gammal) men mycket
liten. 3 Hon talade/pratade för mycket, medan hon var där.
4 Vi gick på teater, fast(än) biljetterna var mycket dyra.
5 Öppna dörren, innan du/ni går in. 6 Jag förstår, att han
inte vill studera svenska. 7 De två männen väntade, tills
bussen kom. 8 Hon vill skriva brevet, innan hon talar med
dig/er. 9 Jag skulle köpa en mycket stor bil, om jag hade
pengar. 10 Barn är aldrig glada, när solen inte skiner.

Exercise 45: 1 Jonas har sett flickan i affären. 2 Han har
skrutit om den nya bilen. 3 Jag har inte förstått vad han har
sagt. 4 Hon har arbetat på en bank i staden. 5 De har köpt
varma kläder till vintern.

Exercise 46: 1 Eva hade parkerat bilen på en bred gata.
2 Hon hade inte vetat att Johan hade varit hemma. 3 De hade
bott i en liten lägenhet i Göteborg. 4 Man hade börjat servera
lunch kl.12. 5 Han hade lagt böckerna på bordet och gått ut.

Exercise 47: 1 Niklas har skrivit många böcker. 2 Har du/ni
talat med min dotter? 3 Hur hade hon kommit till
Stockholm? Hon hade åkt tåg. 4 Det var han som hade gjort
det. 5 Hon hade sett många vackra städer när hon var ung.

LESSON 7

Exercise 48: 1 Hon satt i stolen och lyssnade på nyheterna.
2 De tycker om att köpa gamla möbler. 3 Anders läste en
spännande ny roman. 4 Att åka skidor är mycket bra motion.
5 Han vet överraskande mycket om konst. 6 Vi skrev ett brev
i stället för att ringa till dem. 7 Hon var mycket intresserad
av att höra om mitt liv. 8 Den nya ordföranden är mycket
tråkig. 9 Han slutar aldrig att prata. 10 Har du/ni någonsin
hört en hund som sjunger? 11 Soldaterna kom marscherande
in i staden. 12 Att åka tåg utan att betala är brottsligt. 13 Vi
måste avskaffa det nuvarande systemet. 14 Jag kan se många

fåglar som sitter i trädet. 15 Hon säger, att hon inte tycker
om att köra.

Exercise 49: 1 hennes 2 deras 3 sin 4 hennes 5 sin 6 hennes
7 deras 8 deras 9 sin 10 sin 11 hennes 12 hans

Exercise 50: 1 Hon och hennes man reste/åkte till Kiruna för
ett par dagar sedan. 2 Han och hans fru talade om sina barn.
3 Flickan har glömt sina böcker. 4 Han tycker, att hans
kostym är för gammal. 5 Han har sålt sin båt till sin vän.
6 Hans fru tycker om att göra av med pengar. 7 De skryter
om sina rika släktingar. 8 Hon avskyr sin lärare därför att
hans lektioner är tråkiga. 9 De kan inte komma ihåg hennes
telefonnummer. 10 Hon skriver till sin dotter varje vecka.

Exercise 51: 1 Han skulle vara lycklig om han hade en son. 2 Vi
tänker sälja vår båt. 3 Jag ska plugga imorgon. 4 Det kommer
att regna snart. 5 Pojkarna reser/åker till England imorgon.

LESSON 8

Exercise 52: 1 sextiofjärde 2 tjugosjunde 3 den tredje maj
nittonhundraåttionio 4 elfte 5 femtonhundratalet
6 artonhundratjugosju 7 trettiotalet 8 fredagen den
tjugoandra juli 9 hundratrettioandra 10 torsdagen den tolfte
11 sjuttonhundrafyrtiotre 12 artonhundrasjuttiotalet

Exercise 53: 1 den 23/tjugotredje juli 1992 2 (i) tre veckor
3 på sommaren/på somrarna 4 nästa vecka 5 i söndags 6 för
femton år sedan 7 på fyra år 8 på lördag 9 före kl.6/klockan
sex 10 två gånger i veckan 11 om två veckor

Exercise 54: 1 Jag ska vara i Sverige från den tionde/10 till
den femtonde/15 oktober. 2 Han drack kaffe åtta gånger om
dagen. 3 Ingrid har inte bott i Göteborg på två år. 4 Göran
jobbade som journalist i tio månader. 5 De var ledsna att de
måste åka hem om en vecka. 6 Soldaterna marscherade dit
på fyra timmar. 7 Eva och Jan ska gifta sig nästa vecka. 8 Vi
gjorde av med för mycket pengar i julas. 9 Han sålde sin bil i
tisdags kväll. 10 Tisdagen den fjärde/4 januari var en stor
dag i hans liv. 11 Karin är född 1983. 12 Tage Erlander var
statsminister på 1960-talet. 13 Vi kan läsa den här tidningen

på fem minuter. 14 De vill köpa biljetter till imorgon kväll.
15 Kristina tycker om attsitta i trädgården på morgonen/
morgnarna.

LESSON 9

Exercise 55: 1 Jag såg några intressanta filmer i London.
2 Ingen såg honom men någon måste ha hört honom.
3 Ingenting händer i den här staden. 4 Hon har inte träffat
någon i Göteborg. 5 Vi måste göra någonting innan hon
kommer. 6 Jonas ska inte köpa några kassetter denna vecka.
7 Han säger att han inte har stulit några bilar. 8 Hon sade att
hon inte hade någonting i huset. 9 Jag vill inte gå någonstans
idag. 10 Han vill inte träffa några nya vänner. 11 Jag skulle
vilja ha lite bröd och lite öl. 12 Ingen intelligent kvinna tror
det.

Exercise 56: 1 Gävle ligger söder om Söderhamn men norr
om Uppsala. 2 Han har varit inne hela dagen men nu är han
ute. 3 Det är troligen en mycket dålig bok. 4 Det har varit en
ovanligt varm dag idag. 5 Skogarna i västra och norra
Sverige är jättestora. 6 Lyckligtvis hade vi redan köpt
biljetter. 7 Hennes unga dotter dansar vackert. 8 Jag tycker
into om att köra söderut när solen skiner. 9 De drack kaffe
ute i trädgården. 10 Vart cyklar du/ni i kväll?

Exercise 57: 1 Det är varmare i år än i fjol/förra året.
2 Henrik jobbar på det största kontoret i staden. 3 Jag har en
yngre bror och en äldre syster. 4 Den här affären är dyrare än
den där. 5 De här bakelserna är godast. 6 Vi har aldrig läst en
mer spännande roman. 7 Vintrarna i norra Sverige/
Nordsverige är kallast. 8 De minsta männen har de längsta
bilarna. 9 Min mor ser mycket yngre ut än min far.
10 Han kysser fler flickor än jag. 11 Det här är den längsta
gatan i Lund. 12 Den rikaste mannen bor i det vackraste
huset.

Exercise 58: 1 Jonas reste/åkte söderut för att hälsa på Eva.
2 Vi tycker om att simma i havet. 3 Du/ni bör/borde läsa
varje bok (som) han skriver. 4 De brukade tycka om att
lyssna på fåglarna. 5 Jag behöver köpa nya skor före jul.
6 Eva skyndade sig hem för att baka bröd. 7 Vi var glada att

kunna träffa din mor. 8 Göran brukar cykla till kontoret.
9 Hon vägrade titta/se in genom fönstret. 10 Han byggde ett
nytt hus i skogen för att kunna titta på älgarna.

LESSON 10

Exercise 59: 1 var 2 där 3 där 4 dit 5 vart 6 där 7 dit 8 var
9 där 10 dit 11 vart 12 där

Exercise 60: 1 Många svenskar reser/åker till Spanien på
sommaren/somrarna. 2 Jan reste/åkte till fjällen för att åka
skidor. 3 Fransmän är stiligare än engelsmän. 4 Göran sparar
pengar för att köpa en bil. 5 Italienskt vin är billigare än
franskt vin. 6 Hon talar svenska hemma och engelska på
kontoret. 7 Många finnar talar svenska också. 8 Han flyttade
från norra Norge för att söka arbete.

Exercise 61: 1 Vem var den där tyskan du talade/pratade
med? 2 Han frågade mig vem som hade målat det gamla
huset. 3 Du/Ni kan äta vad som helst men du/ni måste äta
någonting! 4 Vem var mannen som gav dig de norska
böckerna? 5 Jag undrar vilken bil som är bäst.
6 Statsministern är inte vilken italienare som helst! 7 Hon
ville veta vem som tyckte om spansk mat. 8 Vem som helst
kan göra det om han vill, sade/sa han.

Exercise 62: 1 Han sade, att han inte kände igen henne.
2 Lade han inte ned böckerna på bordet? 3 Har ni alltid tyckt
illa om honom? 4 Var det Jan som bröt av grenen? 5 Han går
ofta förbi men han kommer aldrig in.

Exercise 63: 1 Tycker hon illa om tyska bilar? 2 Jag kände inte
igen pojken som gick förbi. 3 Kommer du inte ihåg honom?
4 Var snäll och sätt på TV-n! 5 Ska du/ni inte stänga av TV-n?

LESSON 11

Exercise 64: 1 Erik och Göran gick kl.4. 2 Gunilla måste kyla
vinet före festen. 3 Jan ställde/satte glasen på bordet.
4 Flaskorna stod redan på bordet. 5 Han lämnar kopparna i
köket. 6 Gästerna satt i vardagsrummet. 7 De två barnen låg
på sängen i sovrummet. 8 Maten kallnade i köket.

Exercise 65: 1 De är mycket intresserade av böcker. 2 Dörren är stängd och huset är låst. 3 Det skrivna språket är svårt. 4 Det här varuhuset är välkänt. 5 Den nymålade dörren är redan smutsig. 6 Biljetterna är redan beställda. 7 En bil stod parkerad framför huset. 8 Han hade glömt sin nyköpta cykel.

Exercise 66: 1 Brevet skickades igår. 2 Deras hus har redan sålts. 3 Helena ska opereras på tisdag. 4 Potatisen måste skalas före kl.5. 5 Cykeln uppfanns för hundra år sedan.

Exercise 67: 1 Bengt och Karin blev också inbjudna till festen. 2 Räkorna kommer inte att bli uppskattade av Karin. 3 Burkarna har inte blivit öppnade. 4 Vinet blev aldrig beställt. 5 Helena blir ofta kysst av Pelle.

Exercise 68: 1 De träffades på festen. 2 Vi ses nästan varje dag. 3 Ni ska väl träffas nästa vecka? 4 Varför måste ni kyssas hela tiden? 5 Hur länge är det sedan vi sågs?

LESSON 12

Exercise 69: 1 Han gjorde allt/allting han kunde för att hjälpa. 2 Både mamma och pappa satt i vardagsrummet. 3 Hela skolan hoppades att han skulle vinna. 4 Sådant händer ofta i en stor stad. 5 Man säger att han uppfann både cykeln och bilen! 6 Han går ofta på bio utan sin fru. 7 Vad köpte du för cykel? 8 Hon kan varken tala eller skriva finska. 9 Vi har läst alla hans böcker utom en. 10 De är inte unga men de är glada. 11 Vilket bord ska jag köpa? Ta det stora. 12 Alla rodnade när de såg det där fotot.

Exercise 70: 1 Ska vi gå och äta lunch någonstans? 2 Han bad mig köpa tågbiljetterna. 3 De tyckte att Sverige var vackrare än Frankrike. 4 När jag kommer till Amerika, tänker jag bli rik. 5 Jag känner honom och jag kände hans far. 6 Han tror att affärerna är stängda idag. 7 Den lilla pojken ville ha allt/allting i affären. 8 Vi måste tänka på det. 9 Fråga den där mannen om han vet var Kungsgatan ligger. 10 Jag tyckte att det var Bergmans tråkigaste film.

Exercise 71: I had started to go more and more often to the cinema. I often threw myself on my bicycle after school and rode down to some cinema that had an afternoon performance. I always went alone. I might look in the paper in the morning and decide what I would see. Then, in school, I thought out the quickest way through the town on a bicycle so that I would make it in the short time between school finishing and the film starting. If any of my schoolfriends asked whether we would be doing anything in the afternoon I made the excuse that I was busy. Sometimes I said that I was forced to go to Granny's to help her with something. I preferred to go to the cinema by myself.

I embezzled from my bank book to get money for the cinema or I stole from Mum. She never noticed anything. In any case, she never wondered what I was doing in the afternoons. If Mum went out in the evening I managed to get down to an evening performance as well. But most often I went in the afternoons. The very fact that all other people were at their jobs or that my friends were out together doing something while I myself sneaked secretly into a cinema was in itself a plus. The silence and the loneliness in the darkness when the lights were extinguished by the curtain at the front gave me peace and relief.

Mini-dictionary

English–Swedish

a/an en, ett
able: to be able to kunna
 (kan, kunde, kunnat)
abolish avskaffa (1)
about (*prep*) om
absurd absurd
academy akademi-en-er
accompany följa med (2)
according to enligt
accuse anklaga (1)
actually egentligen, faktiskt
admittedly givetvis
afford ha råd att
Africa Afrika
after (*prep*) efter; (*conj*) efter
 det att
after all ju
afternoon eftermiddag
 -en-ar
age ålder-n, åldrar; (*vb*)
 åldras (1)
ages ago länge sedan
ago för... sedan
all all
all too alltför
all, the whole lot allihopa
almost nästan
alone ensam
alongside bredvid
already redan
also också
although fast, fastän
always alltid
America Amerika

American amerikanare-n–;
 (*adj*) amerikansk
American woman
 amerikanska-n-or
among bland
and och
angry arg
animal djur-et–
announce anmäla (2)
anorak vindjacka-n-or
any (*etc.*) någon, något,
 några
apartment lägenhet-en-er
appear synas (2)
apple äpple-t-n
application anmälan–
appreciate uppskatta (1)
approximately cirka,
 ungefär
April april
Arctic Circle polcirkel-n,
 cirklar
arise uppstå (4)
around omkring
art konst-en
article artikel-n, artiklar
as soon as så snart (som)
as... as lika... som
ask fråga (1); (request) be
 (4 ber, bad, bett)
at vid
at all alls
at what time hur dags
attempt försök-et–

August augusti
aunt (maternal) moster-n, mostrar; **(paternal)** faster-n, fastrar
author författare-n–
autumn höst-en-ar
avoid undvika (4)
away (location) borta; **(motion)** bort

bad dålig, ond
bag påse-n-ar
bake baka (1)
ball boll-en-ar
bank bank-en-ar
bank holiday helgdag-en-ar
bathe bada (1)
be vara (är, var, varit)
be called heta (heter, hette, hetat)
be silent tiga (4)
be situated ligga (4 ligger, låg, legat)
be, exist finnas (4)
beautiful vacker
because därför att, för
become bli (4 blir, blev, blivit)
bed säng-en-ar
bedroom sovrum-met–
beer öl-et
   (low alcohol) lättöl-et
before (*adv*) förr, förut; (*neg conj*) förrän; (*conj*) innan; (*prep of time*) före; (*prep of place*) framför
before then innan dess
begin börja (1)
Belgian belgier-n–
best bäst
better bättre
between mellan

bicycle cykel-n, cyklar
big stor
bird fågel-n, fåglar
birthday födelsedag-en-ar
bite bita (4)
black svart
   to go black svartna (1)
bloke kille-n-ar
blonde (woman) blondin -en-er
blouse blus-en-ar
blue blå
   to go blue blåna (1)
blush rodna (1)
boast skryta (4)
boat båt-en-ar
book bok-en, böcker
boring tråkig, tröttsam
born född
both båda
both... and både... och
bottle flaska-n-or
boy pojke-n-ar
boyfriend pojkvän-nen-ner
branch gren-en-ar
bread bröd-et–
break bryta (4), slå sönder (4)
break off bryta av (4)
break out utbryta (4)
breakfast frukost-en-ar
breathe andas (1)
broken sönder
brother bror, brodern, bröder
brown brun
build bygga (2)
burn (*trans*) bränna (2); (*intrans*) brinna (4)
bus buss-en-ar
bushy buskig
busy upptagen
but men; (*neg conj*) utan

buy köpa (2)
by av

café kafé-t-er
cake bakelse-n-er
call kalla (1)
can burk-en-ar
cap mössa-n-or
capital city huvudstad-en,
  -städer
car bil-en-ar
car park parkeringsplats
  -en-er
carry bära (4)
case (event) fall-et–
cash inkassera (1)
cash desk kasse-n-or
cashier kassör-en-er
cassette kasett-en-er
castle slott-et–
cat katt-en-er
Catholic katolik-en-er
certainly visst
chair stol-en-ar
chairman ordförande-n–
chance chans-en-er
change byta (2)
charming charmig
chat prata (1)
cheap billig
cheese ost
check kontrollera (1), kolla
  (1) (colloquial)
cheerio hej då
cheque check-en-ar
child barn-et–
chill kyla (2)
choose välja (väljer, valde,
  valt)
chop hugga (4)
Christ Kristus
Christmas jul-en-ar

cigarette cigarett-en-er
cinema bio(graf)-en-er
clever klok
clock klocka-n-or
close stänga (2)
clothes kläder (pl)
coarse grov
coffee kaffe-t
cold kall
  to grow cold kallna (1)
come komma (4 kommer,
  kom, kommit)
comfortable bekväm
commodity vara-n-or
compare jämföra (2)
complain klaga (1)
completely alldeles
conversation samtal-et–
cooperate samarbeta (1)
corner hörn-et–
corridor korridor-en-er
cost kosta (1)
country land-et, länder
couple par-et–
courage kurage-t
course (of meal) rätt-en-er
cousin kusin-en-er
crazy vansinnig
criminal brottslig
cry gråta (4 gråter, grät,
  gråtit)
crown krona-n-or
cup kopp-en-ar
curtain (in theatre)
  ridå-n-er
cycle cykla (1)

dad pappa-n-or
damage skada (1)
dance dansa (1)
Dane dansk-en-ar
dangerous farlig

Danish dansk
Danish language danska-n
Danish woman danska-n-or
dark mörk
darkness mörker, mörkret
daughter dotter-n, döttrar
day dag-en-ar
day before yesterday i
 förrgår
dear kär
Dear Kära
December december
decide bestämma (2)
degree grad-en-er
Denmark Danmark
dentist tandläkare-n–
deny neka (1)
department store varuhus
 -et–
depend bero (3)
depressed deppad
 (colloquial)
desert öken, öknen, öknar
destructive förintande
detest avsky (3)
different olik
difficult svår
dinner middag-en-ar
direct direkt
dirty smutsig
disappear försvinna (4)
disappointed besviken
discotheque diskotek-et–
discuss diskutera (1)
discussion diskussion-en-er
distance avstånd-et–
disturb oroa (1), störa (2)
do göra (2 gör, gjorde, gjort)
dog hund-en-ar
door dörr-en-ar
down (location) nere;
 (motion) ner (ned)

dreadful förfärlig
drink dricka (4) **(alcohol)**
 supa (4)
drive köra (2)
driving licence körkort-et–
drown (*intrans*) drunkna
 (1); (*trans*) dränka (2)
dry torr
during under
Dutch holländsk
Dutch language
 holländska-n
Dutchman holländare-n–
Dutchwoman holländska
 -n-or

each other varandra
eagerness iver-n
early tidig
earth jord-en
earn tjäna (1)
east öster
Easter påsk-en-ar
eastern östra, öst-
eastwards österut
easy lätt
eat äta (4 äter, åt, ätit)
eight åtta
eighteen arton
eighteenth artonde
eighth åttonde
eightieth åttionde
eighty åttio
either... or antinge ... eller
elegant stilig
eleven elva
eleventh elfte
elk älg-en-ar
embezzle förskingra (1)
empty tom
end sluta (1)
England England

English engelsk
English language engelska-n
Englishman engelsman
-nen, -män
Englishwoman engelska-n
-or
enjoy njuta (4)
enough nog
enter komma in (4)
entertain underhålla (4)
entertaining rolig
essay uppsats-en-er
Europe Europa
even ens, även
evening kväll-en-ar
ever någonsin
every varje
everyday vardaglig
everyone alla
everything allting
everywhere överallt
exactly precis
example exempel,
exemplet, –
excellent(ly) utmärkt
except utom
exchange byta (2)
exciting spännande
excuse me förlåt
exercise (school) övning
-en-ar; **(physical)**
motion-en
exile exil-en
exit gå ut (4)
expensive dyr
explain förklara (1)
extinguish släcka (2)
extra extra
eyebrow ögonbryn-et–

face ansikte-t-n
fact faktum-et, fakta

family familj-en-er
fantastic fantastisk
fascinating fängslande
fat tjock
father far (fadern, fäder)
fault fel-et–
February februari
feel känna sig (2)
feel at home trivas (2)
few få
fifteen femton
fifteenth femtonde
fifth femte
fiftieth femtionde
fifty femtio
film film-en-er
finally till slut
find finna (4), hitta (1)
fine fin
finish sluta (1)
finished slut
Finland Finland
Finn finne-n-ar
Finnish finsk
Finnisk language finska-n
Finnish woman finska-n-or
fire eld-en-ar
first (*adj*) första; (*adv*) först
fish fisk-en-ar
fit passa (1)
fitting: to be fitting duga (4
duger, dög, dugt)
five fem
flat lägenhet-en-er
floor golv-et–
flower blomma-n-or
fly flyga (4)
follow följa (2)
food mat-en
foot fot-en, fötter
football pitch fotbollsplan
-en-er

225

for för; (time) i
force tvinga (1)
forget glömma (2)
forgive förlåta (4)
form blankett-en-er
fortieth fyrtionde
fortunately lyckligtvis
forty fyrtio
forward fram
four fyra
fourteen fjorton
fourteenth fjortonde
fourth fjärde
France Frankrike
free fri; (not busy) ledig
freeze frysa (4)
French fransk
French language franska-n
Frenchman fransman-nen,
  -män
Frenchwoman fransyska-n
  -or
fresh frisk, färsk
Friday fredag-en-ar
friend vän-nen-ner, kamrat
  -en-er
friendly vänlig
frightened uppskrämd
frock klänning-en-ar
from från
full full
furious förbannad
furniture (piece of) möbel
  -n, möbler

garden trädgård-en-ar
German tysk-en-ar; (adj)
  tysk
German language tyska-n
German woman tyska-n-or
Germany Tyskland
get få (4 får, fick, fått)

get dressed klä sig (3)
get hold of få tag i
get into one's head få för
  sig
get off stiga av (4)
girl flicka-n-or
give ge (4 ger, gav, givit)
glass glas-et–
go gå (4 går, gick, gått),
  åka (2)
go to bed lägga sig (4)
good bra, god
goodbye for now hej så
  länge
Gothenburg Göteborg
grandfather (maternal)
  morfar, -fadern, -fäder;
  (paternal) farfar, -fadern,
  -fäder
grandmother (maternal)
  mormor, -modern,
  -mödrar; (paternal)
  farmor, -modern, -mödrar
grave grav-en-ar
green grön
greet hälsa (1)
greeting hälsning-en-ar
grey grå
grow växa (2)
grow dark mörkna (1)
grudge missunna (1)
guess gissa (1)
guest gäst-en-er
guilty skyldig

hairdresser (ladies')
  damfrisörska-n-or
half halv
hand hand-en, händer
happen hända (2), ske (3)
happy, glad, lycklig
hard hård

hat hatt-en-ar
hate hata (1)
have ha (har, hade, haft)
have (something done) låta
  (4 låter, lät, låtit)
he han
head huvud-et–
headmaster rektor-en-er
healthy frisk
hear höra (2)
heart hjärta-t-n
heavy tung
hello hej, goddag
help hjälpa (2)
her henne
her/hers hennes
here (location) här;
  (motion) hit
herself sig
hi there! hejsan
high hög
him honom
himself sig
his hans
his/her/its/their (own) sin,
  sitt, sina
history historia, historien,
  historier
hit slå (4 slår, slog, slagit)
hold hålla (4 håller, höll,
  hållit)
hold an opinion mena (1)
holiday semester-n,
  semestrar
Holland Holland
home hem-met–; (adv) hem
  at home hemma hem
hope hopp-et
hope hoppas (1)
hot varm
hotel hotell-et–

hour timme-n-ar
house hus-et–
how hur
how do you do? goddag
hug kram-en-ar
hundred hundra
hundredth hundrade
hurry skynda sig (1)
  to be in a hurry ha
  bråttom
husband man-nen, män

I jag
Iceland Island
Icelander islänning-en-ar
Icelandic isländsk
Icelandic language
  isländska-n
Icelandic woman
  isländska-n-or
idea idé-en-er
if om
ill sjuk
illness sjukdom-en-ar
immediately genast
in (place) i; (time) om;
  (adv) in
in addition till
in any case i alla fall
in front of framför
in order to för att
incidentally förresten
including inklusive
influenza influensa-n-or
inside inne
instead of i stället för
insufferable olidlig
intelligent intelligent
intend tänka (2)
interested in intresserad av
interesting intressant

into in i
introduce to presentera
  för (1)
invent uppfinna (4)
invention uppfinning-en-ar
invite inbjuda (4)
it den, det
Italian italienare-n–; (adj)
  italiensk
Italian language
  italienska-n
Italian woman italienska-n
  -or
Italy Italien
its dess
itself sig

January januari
job arbete-t-n
journalist journalist-en-er
joy glädje-n
July juli
June juni

key nyckel-n, nycklar
kick sparka (1)
kill slå ihjäl (4)
kilo kilo-t–
kilometre kilometer-n–
kind snäll, vänlig
king kung-en-ar
kingdom kungarike-t-n
kiss kyssa (2)
kitchen kök-et–
know (people) känna (2),
  (facts) veta (4 vet, visste,
  vetat)

language språk-et–
language course språkkurs
  -en-er
last sist, förra

last year i fjol
late sen
latest senast
laugh skratta (1)
lay lägga (4 lägger, lade,
  lagt); (table) duka (1)
lazy lat
learn lära sig (2)
least minst
left (not right) vänster
lend låna (1)
less mindre
lesson lektion-en-er
let låta (4 låter, lät, låtit)
letter brev-et–
library bibliotek-et–
lie ligga (4 ligger, låg, legat)
lie (tell lies) ljuga (4)
lie down lägga sig (4)
life liv-et–
lift lyfta (2)
light ljus-et–; (vb) tända (2);
  (adj) ljus
  to get light ljusna (1)
like tycka om (2)
like som
like this så här
lion lejon-et–
listen to lyssna på (1)
litre liter-n–
little: a little lite(t)
live leva (2)
live (dwell) bo (3)
living room vardagsrum
  -met–
lock låsa (2)
loneliness ensamhet-en
long lång
long (time) länge
long to (go to) längta till (1)
look titta (1); (appear) se...
  ut (4)

look for söka (2)
lose förlora (1)
lounge suit kostym-en-er
love kärlek-en-ar, (vb) älska (1)
low låg
lunch lunch-en-ar

make an excuse that skylla
på (2)
man man-nen, män, karl
-en-ar
manage (have strength)
orka (1); (have time)
hinna (4)
many många
March mars
march marschera (1)
married: to get married
gifta sig (2)
match passa till (1)
mate kompis-en-ar
(colloquial)
matter sak-en-er
to be a matter of handla
om (1)
May maj
me mig
mean betyda (2)
meat kött-et
meet träffa (1), möta (2)
mend laga (1)
menu matsedel-n, sedlar
mild mild
milk mjölk-en-er
millionth miljonte
minute minut-en-er
miserly snål
miss sakna (1)
mistake fel-et–
Monday måndag-en-ar
money pengar (pl)
monotonous enformig

month månad-en-er
more (amount) mer;
(number) fler
more and more allt mer
morning morgon-en,
morgnar
most (amount) mest;
(number) flest
most of all helst
mother mor, modern,
mödrar
motive motiv-et–
motocross motocross-en
motor bike motorcykel-n,
cyklar
moon måne-n-ar
mountain fjäll-et–
mouth mun-nen-nar
move röra sig (2)
move house flytta (1)
movement rörelse-n-r
Mr herr
Mrs fru
much mycket
Mum mamma-n-or
museum museum, museet,
museer
music musik-en
must måste (imp måste)
my/mine min, mitt, mina

narrate berätta (1)
narrow trång
nation nation-en-er
natural naturlig
naturally naturligtvis
need behöva (2)
neglect vansköta (2)
neither... nor varken... eller
nervous nervös
never aldrig
new ny

news nyheter
news-stand kiosk-en-er
newspaper tidning-en-ar
next nästa
nice fin, skön
night natt-en, nätter
nine nio
nineteen nitton
nineteenth nittonde
ninetieth nittionde
ninety nittio
ninth nionde
no nej
no, none *etc.* ingen, inget,
   inga
nod nicka (1)
north norr
northern norra, nord-
northwards norrut
Norway Norge
Norwegian norrman-nen,
   -män; (*adj*) norsk
Norwegian language
   norska-n
Norwegian woman norska
   -n-or
not inte
not as... as inte så... som
not at all inte alls
nothing ingenting
notice märka (2)
novel roman-en-er
November november
now nu
nowadays nuförtiden
nowhere ingenstans
number nummer, numret,–

o'clock klockan
observe observera (1)
October oktober
of av

of course förstås
offer erbjuda (4)
office kontor-et–
often ofta
oh really jaså
old gammal
older äldre
oldest äldst
on på
on the other hand däremot
one en, ett; (*pronoun*) man
only (*adv*) bara; (*adj*) enda
open öppna (1)
operate operera (1)
operation operation-en-er
or eller
order beställa (2)
other annan (annat, andra)
ought böra (bör, borde,
   bort)
our/ours vår (vårt, våra)
out (location) ute; (motion)
   ut
outside utanför
over över
over there därborta
overcoat överrock-en-ar
owner ägare-n–

paint måla (1)
pale blek
   to go pale blekna (1)
paper papper-et–
park parkera (1)
parking parkering-en-ar
part del-en-ar
particularly i synnerhet
party fest-en-er
past (clock time) över
pay betala (1)
peace ro-n
peel skala (1)

per per
performance föreställning -en-ar
perhaps kanske
person människa-n-or
pharmacy apotek-et–
photo foto-t-n
piano piano-t-n
pity synd
place sätta (4 sätter, satte, satt)
play (as children play) leka (2)
playmate lekkamrat-en-er
pleasant trevlig
please var så god och, var snäll och
point poäng-en-er; *(vb)* peka (1)
police(man) polis-en-er
ponder fundera (1)
poor fattig
position ställning-en-ar
possess besitta (4)
possible möjlig
possibly möjligen
post, post office post-en
potato potatis-en-ar
powerful kraftig
prawn räka-n-or
pray be (4 ber, bad, bett)
precisely just
prefer föredra (4 -drar, -drog, -dragit)
preferably hellre
prepare (food) laga (1)
present nuvarande
pretend låtsas (1)
prime minister statsminister-n, -ministrar
probable trolig
probably troligen, nog

problem problem-et–
proficient duktig
promise lova (1)
proud stolt
province landskap-et–
pull dra (4 drar, drog, dragit)
pupil elev-en-er
puppy-like valpig
purpose: on purpose med flit
put ställa (2), lägga (4)
pyjamas pyjamas-en-ar

quality kvalitet-en-er
quarrel gräla (1)
quarter kvart-en-er
queue kö-en-er; *(vb)* köa (1)
quick snabb
quickly fort
quite ganska

rain regna (1)
raincoat regnrock-en-ar
raise höja (2)
rather snarare
ready färdig
really urdålig
really good jättebra
reason grund-en-er
reckon (calculate) räkna (1)
recognise känna igen (2)
recommend rekommendera (1)
read läsa (2)
red röd
refreshing upplivande
refuse vägra (1)
relation släkting-en-ar
relief lättnad-en
remarkably påfallande

remember komma ihåg (4),
minnas (2)
remind påminna (2)
resident bosatt
restaurant restaurang-en-er
reverse: the reverse
tvärtom
rich rik
right (not left) höger; rätt
to be right ha rätt
ring ringa (2)
river å-n-ar, älv-en-ar
road väg-en-ar
room rum-met–, sal-en-ar
round runt (adv)
row (quarrel) bråk-et–
royal kunglig
run springa (4)
Russia Ryssland
Russian ryss-en-ar; (adj)
rysk
Russian language ryska-n
Russian woman ryska-n-or

sad ledsen
same samma
Saturday lördag
sausage korv-en-ar
save spara (4)
say säga (4 säger, sade, sagt)
scarce knapp
school skola-n-or
Scotland Skottland
scrutinise mönstra (1)
sea hav-et–
second sekund-en-er; (adj)
andra
secret hemlighet-en-er
see se (4 ser, såg, sett)
see you soon vi ses
seem tyckas (2), verka (1)
seldom sällan

self (myself, etc.) själv
sell sälja (säljer, sålde, sålt)
send skicka (1)
September september
serious allvarlig
serve betjäna (1), servera (1)
seven sju
seventeen sjutton
seventeenth sjuttonde
seventh sjunde
seventieth sjuttionde
seventy sjuttio
sew sy (3)
shall (etc.) skola (ska,
skulle, skolat)
shave raka sig (1)
she hon
shine skina (4)
shirt skjorta-n-or
shoe sko-n-r
shop affär-en-er
shop assistant expedit-en-er
shore strand-en, stränder
short kort
show visa (1)
silence tystnad-en
simple enkel
since sedan; (because)
eftersom
sincere hjärtlig
sing sjunga (4)
sink sjunka (4)
sister syster-n, systrar
sit sitta (4 sitter, satt,
suttit)
sit down sätta sig (4)
six sex
sixteen sexton
sixteenth sextonde
sixth sjätte
sixtieth sextionde
sixty sextio

size storlek-en-ar
ski skida-n-or
skirt kjol-en-ar
slim banta (1)
slow långsam
sluggish slö
small liten, litet, (lilla), små
smaller mindre
smallest minst
smile leende-t-n; (vb) le (4
   ler, log, lett)
smoke (intrans) ryka (2);
   (trans) röka (2)
smoking rökning-en
sneak off smita (4)
snobbish snobbig
snow snöa (1)
so så
so that så att
sober nykter
socialist socialist-en-er
soldier soldat-en-er
some (etc.) någon, något,
   några
something någonting
sometimes ibland
somewhat lite(t)
somewhere någonstans
son son-en, söner
soon snart
sort: a sort of ett slags
sound låta (4 låter, lät, låtit)
soup soppa-n-or
south söder
southern södra, syd-
southwards söderut
Spain Spanien
Spaniard spanjor-en-er
Spanish spansk
Spanish language spanska
Spanish woman
   spanjorska-n-or

special särskild
specially särskilt
spend göra av med (2)
spirits sprit-en
spread sprida (4)
spring vår-en-ar
square torg-et–
staircase trappa-n-or
stand stå (4 står, stod, stått)
star stjärna-n-or
start börja (1)
start up sätta igång (4)
state stat-en-er
station station-en-er
stay stanna (1)
steady stadig
steal stjäla (4 stjäl, stal,
   stulit)
step forward stiga fram (4)
stern bister
still fortfarande
Stockholmer stockholmare
   -en–
stocking strumpa-n-or
stop stanna (1)
street gata-n-or
stride stega (1)
strike strejk-en-er
student student-en-er
study studera (1)
stupid dum
succeed lyckas (1)
successful lyckad
such sådan
suck suga (4)
summer sommar-en,
   somrar
summer holidays
   sommarlov-et–
sun sol-en-ar
Sunday söndag-en-ar
sure säker

233

surely väl, säkert
surly sur
surprise överraska (1)
suspicion aning-en-ar
Swede svensk-en-ar
Sweden Sverige
Swedish svensk
Swedish language
  svenska-n
Swedish woman svenska
  -n-or
swim simma (1)
switch off stänga av (2)
switch on sätta på (4)
swot plugga (1)
system system-et–

table bord-et–
take ta (4 tar, tog, tagit)
take off ta av (4)
talk tala (1)
tall lång
task uppgift-en-er
teach lära (2)
teacher lärare-n–
tear riva (4)
telephone telefon-en-er
telephone conversation
  telefonsamtal-et–
telephone number
  telefonnummer, -numret,–
ten tio
tenth tionde
terrace terrass-en-er
terrified livrädd
testament testamente-t-n
than än
thanks tack
that (*conj*) att; (*relative*) som
that, those den (det, de)
  där
the den, det, de

the (more)... the (more) ju
  ... desto
theatre teater-n, teatrar
their/theirs deras
them dem
themselves sig
then då
then (after that) sedan
there (location) där;
  (*motion*) dit
there is, there are det finns
they de
thick tjock
thin tunn
think tänka (2), tro (3),
  tycka (2)
third tredje
thirteen tretton
thirteenth trettonde
thirtieth trettionde
thirty trettio
this, these den (det, de)
  här; denna (detta,
  dessa)
this morning i morse
thousand tusen
thousandth tusende
three tre
through genom
throw kasta (1)
Thursday torsdag-en-ar
ticket biljett-en-er
ticket clerk biljettexpeditör
  -en-er
tights strumpbyxor (*pl*)
time tid-en-er; (**occasion**)
  gång-en-er
tired trött
to (*prep*) till; (*infin marker*)
  att; (*clock time*) i
today idag

together tillsammans
toilet toalett-en-er
tomorrow imorgon
tomorrow morning
  imorgon bitti
too också; (excessively) för
total summa-n-or
tourist turist-en-er
towards mot
towel handduk-en-ar
town stad-en, städer
traffic trafik-en
train tåg-et–
trainer träningssko-n-r
travel åka (2), resa (2),
  fara (4)
tree träd-et–
trousers byxor (pl)
true sann
try försöka (2)
try on prova (1)
Tuesday tisdag
TV teve-n-ar, TV-n-ar
twelfth tolfte
twelve tolv
twentieth tjugonde
twenty tjugo
two två
typical typisk

ugly ful
unbelievable otrolig
uncle (maternal) morbror,
  -brodern, -bröder;
  (paternal) farbror,
  -brodern, bröder
underline stryka under (4)
understand förstå (4),
  begripa (4)
unfortunate stackars
unfortunately tyvärr
unhappiness vantrivsel-n

United States Förenta
  staterna
unpleasant otrevlig
until tills
unusual ovanlig
up (location) uppe;
  (motion) upp
up to fram till
us oss
usually (do something)
  bruka (1)

vain fåfäng
vegetarian vegetarian-en-er
very mycket
visit hälsa på (1)
voice röst-en-er
voluntary frivillig
vomit kräkas (2)

wait vänta (1)
waitress servitris-en-er
wake (intrans) vakna (1);
  (trans) väcka (2)
walk gå (4 går, gick, gått)
walk past gå förbi (4)
wall vägg-en-ar
wander vandra (1)
want to vilja (vill, ville,
  velat)
war krig-et–
wash tvätta sig (1)
wash up diska (1)
water vatten, vattnet,–
we vi
weakness svaghet-en-er
weather väder, vädret
Wednesday onsdag
week vecka-n-or
weekday vardag-en-ar
well-known välkänd
west väster

western västra, väst-
westwards västerut
wet våt
what vad
what sort of... vad... för
whatever vad som helst
when när
where *(relative)* där, dit;
   (question) var
where to *(question)* vart
where... from varifrån
which *(relative)* som;
   (question) vilken, vilket,
   vilka
whichever vilken som helst
while stund-en-er; *(conj)*
   medan
whining grinig
white vit
Whitsun pingst-en-ar
who *(relative)* som:
   (question) vem
whoever vem som helst
whole hel
whose vars
why varför
wide bred
wife fru-n-ar
willingly gärna
win vinna (4)
window fönster, fönstret,–
wine vin-et-er
winter vinter-n, vintrar
wish önska (1)
with med
without utan

witness vittne-t-n
wolf varg-en-ar
woman kvinna-n-or
wonder undra (1)
wood skog-en-ar
work arbete-t-n; *(vb)* arbeta
   (1), jobba (1)
world värld-en-ar
worn out utsliten
worse sämre, värre
worst sämst, värst
worthwhile givande
wound såra (1)
wreath krans-en-ar
wretch krake-n-ar
write skriva (4)
writing pad skrivblock-et–
written skriftlig
wrong fel

year år-et–
yellow gul
   to go yellow gulna (1)
yes ja, jo
yes, of course javisst
yesterday igår
yet än
you *(sing subj)* du; *(sing obj)*
   dig; *(pl subj)* ni; (*pl obj)* er
young ung
younger yngre
your/yours *(sing)* din, ditt,
   dina; *(pl)* er, ert, era

zero noll

Swedish–English

absurd absurd
affär-en-er shop
Afrika Africa
akademi-en-er academy
aldrig never
all all
alla everyone
alldeles completely
allihopa all, the whole lot
alls at all
allt mer more and more
alltför all too
alltid always
allting everything
allvarlig serious
Amerika America
amerikanare-n– American
amerikansk American
amerikanska-n-or
 American woman
andas (1) breathe
andra second
aning-en-ar suspicion, 'a touch'
anklaga (1) to accuse
ankommande arriving
anmäla (2) to announce
anmälan– application, announcement
annan (annat, andra) other, else
ansikte-t-n face
antagligen presumably
antingen... eller either... or
apotek-et– pharmacy
april April
arbeta (1) to work
arbete-t-n job, work
arg angry

artikel-n-ar article
arton eighteen
artonde eighteenth
att that (conj); to (infin marker)
augusti August
av by, of
avgående departing
avskaffa (1) to abolish
avsky (3) to detest
avstånd-et– distance

bada (1) to bathe
baka (1) to bake
bakelse-n-er cake, pastry
bank-en-er bank
banta (1) to slim
bara only
bara bra just fine
barn-et– child
be (4 **ber, bad, bett**) to pray, ask
begripa (4) to understand
behöva (2) to need
bekvam comfortable
belgier-n– Belgian
bero (3) to depend
berätta (1) to tell, narrate
besitta (4) to possess
beställa (2) to order
bestämma (2) to decide
besviken disappointed
betala (1) to pay
betjäna (1) to serve
betyda (2) to mean
bibliotek-et– library
bil-en-ar car
biljett-en-er ticket

biljettexpeditör-en-er ticket clerk
billig cheap
bio(graf)-en-er cinema
bister stern
bita (4) to bite
bjuda (4) to offer
bland among
blankett-en-er form
blek pale
blekna (1) to go pale
bli (4 **blir, blev, blivit**) to become, to be
blomma-n-or flower
blondin-en-er blonde (woman)
blus-en-ar blouse
blå blue
blåna (1) to go blue
bo (3) to live, dwell
bok-en, böcker book
boll-en-ar ball
bord-et– table
bort away (motion)
borta away (location)
bortifrån from away
bosatt resident
bra good
bred wide
bredvid alongside
brev-et– letter
brinna (4) to burn *(intrans)*
bror, brodern, bröder brother
brottslig criminal
bruka (1) to be in the habit of
brun brown
bryta (4) to break
bryta av (4) to break off
bråk-et– row
bråttom (ha bråttom) to be in a hurry

bränna (2) to burn *(trans)*
bröd-et– bread
burk-en-ar tin, can
buskig bushy
buss-en-ar bus
bygga (2) to build
byta (2) to exchange, change
byxor *(pl)* trousers
båda both
både... och both... and
båt-en-ar boat
bära (4) to carry
bäst best
bättre better
bättringsväg-en-ar road to recovery
böra (bör, borde, bort) ought
börja (1) to begin, start

chans-en-ar chance
charmig charming, dashing
check-en-ar cheque
cigarett-en-ar cigarette
cirka approximately
cykel-n, cyklar bicycle
cykla (1) to cycle

dag-en-ar day
damfrisörska-n-or hairdresser (ladies')
Danmark Denmark
dansa (1) to dance
dansk Danish
dansk-en-ar Dane
danska-n Danish language
danska-n-or Danish woman
de they, the *(pl)*
december December
del-en-ar part
dem them
den it, the *(sing)*

den/det/de där that, those
den/det/de här this, these
denna (detta, dessa) this, these
deppad depressed (colloquial)
deras their/theirs
dess its
det it, the (*sing*)
dig you (*sing obj*)
din (ditt, dina) your/yours (*sing*)
direkt direct
diska (1) to wash up
diskotek-et– discotheque
diskussion-en-er discussion
diskutera (1) to discuss
dit there (motion to); where (*rel*)
djur-et– animal
dotter-n, döttrar daughter
dra (4 **drar, drog, dragit**) to pull, drag
dricka (4) to drink
drunkna (1) to drown (*intrans*)
dränka (2) to drown (*trans*)
du you (*sing subj*)
duga (4 **duger, dög, dugt**) to be fitting, good enough
duka (1) to lay (the table)
duktig gifted, able, proficient
dum stupid
dylik of that sort, the like
dyr expensive
då (*adv*) then; (*conj*) when
dålig bad
där there (location), where (*rel*)
därborta over there
däremot on the other hand

därför att because
därifrån from there
dörr-en-ar door

efter after
eftermiddag-en-ar afternoon
eftersom as, since
egentligen actually, really
ej not, no
eld-en-ar fire
elev-en-er pupil
elfte eleventh
eller or
eller hur is it, isn't it, *etc.*
elva eleven
elva-n-or an 'eleven'
en a/an, one
enda only (*adj*)
enformig monotonous
engelsk English
engelska-n English language
engelska-n-or Englishwoman
engelsman-nen, -män Englishman
England England
enkel simple
enligt according to
ens even
ensam alone
ensamhet-en loneliness
er you (*obj pl*)
er (ert, era) your/yours (*pl*)
erbjuda (4) to offer
ett a/an, one
etta-n-or a 'one'
Europa Europe
exempel, exemplet, – example
exil-en exile

expedit-en-er shop
assistant
Expressen The Express
(newspaper)
extra extra, more

faktiskt actually
faktum-et, fakta fact
fall-et– case
familj-en-er family
fantastisk fantastic
far (fadern, fäder) father
fara (4) to travel
farbror, -brodern,- bröder
uncle (paternal)
farlig dangerous
farmor, -modern, -mödrar
grandmother (paternal)
fast, fastän although
faster-n, fastrar aunt
(paternal)
fattig poor
februari February
fel wrong
fel-et– mistake, fault
fem five
femma-n-or a 'five'
femte fifth
femtio fifty
femtionde fiftieth
femton fifteen
femtonde fifteenth
fest-en-er party
film-en-er film
fin fine, nice
Finland Finland
finna (4) to find
finnas (4) to be, to exist
finn-n-ar Finn
finns (det finns) there is,
there are
finsk Finnish

finska-n Finnish language
finska-n-or Finnish woman
fisk-en-ar fish
fjorton fourteen
fjortonde fourteenth
fjäll-et– mountain
fjärde fourth
flaska-n-or bottle
fler more (number)
flest most (number)
flicka-n-or girl
flit: med flit on purpose
flyga (4) to fly
flytta (1) to move house
fort quickly
fortfarande still
fot-en, fötter foot
fotbollsplan-en-er football
pitch
foto-t-n photo
fram forward, on
fram: komma fram to get
there
fram till up to
framför in front of
framifrån from the front
framme at the front
framme: vara framme to
have arrived
Frankrike France
fransk French
franska-n French language
fransman-nen, -män
Frenchman
fransyska-n-or
Frenchwoman
fredag-en-ar Friday
fri free
frisk healthy, fresh
frivillig voluntary
fru-n-ar wife, Mrs
frukost-en-ar breakfast

frysa (4) to freeze, to be cold
fråga (1) to ask
från from
ful ugly
full full
fundera (1) to ponder
fyra four
fyra-n-or a 'four'
fyrtio forty
fyrtionde fortieth
få few
få (4 **får, fick, fått**) to get, be allowed to
få för sig to get into one's head
få tag i to get hold of
fåfäng vain
fågel-n, fåglar bird
fängelsestraff-et– prison sentence
fängslande fascinating
färdig finished, ready
färsk fresh, new
född born
födelsedag-en-ar birthday
följa (2) to follow
följa med (2) to go along, accompany
fönster, fönstret, – window
för for, because (*conj*); too (*adv*); for (*prep*)
för att in order to
för... sedan ago
förbannad furious
före before (*prep*)
föredra (4 , **-drar, -drog, -dragit**) to prefer
Förenta staterna the United States
föreställning-en-ar performance
författare-n– author

förfärlig dreadful
förintande destructive
förklara (1) to explain
förlora (1) to lose
förlåt sorry, excuse me
förlåta (4) to forgive
förmiddag-en-ar morning
förr before (*adv*)
förra last
förresten by the way, incidentally
förrän before (*conj*)
förskingra (1) to embezzle, misappropriate
först first (*adv*)
första first (*adj*)
förstå (4 **-står, -stod, -stått**) to understand
förstås of course
försvinna (4) to disappear
försök-et– attempt
försöka (2) to try
förut before (*adv*)

gammal old
ganska quite, rather
gata-n-or street
ge (4 **ger, gav, givit**) to give
genast at once
genom through
gifta sig (2) to get married
gissa (1) to guess
givande worthwhile, rewarding
givetvis admittedly
glas happy
glas-et– glass
glömma (2) to forget
god good
goddag how do you do? hello!
golv-et– floor

grad-en-er degree
grav-en-ar grave
gren-en-ar branch
grinig whinning
grov coarse
grund-en-er reason, basis
grå grey
gråta (4 gråter, grät, gråtit)
  to cry
gräla (1) to quarrel
grön green
grönsak-en-ar vegetable
gul yellow
gulna (1) to go yellow
gå (4 går, gick, gått) to
  walk, go
gå bort (4) to pass away, die
gå förbi (4) to walk past
gå ut (4) to exit
gång-en-ar occasion, time
gärna willingly
gäst-en-er guest
göra (2) to do
göra av med (2) to spend
Göteborg Gothenburg

ha (har, hade, haft) to have
ha råd att to be able to
  afford
ha rätt to be right
halv half
han he
hand-en, händer hand
handduk-en-ar towel
handla om (1) to be a
  matter of
hans his
hata (1) to hate
hatt-en-ar hat
hav-et– sea
hej hello
hej då cheerio

hej så länge bye for now,
  see you soon
hejsan hi there!
hel whole
hel del (en) a good deal
helgdag-en-ar bank holiday
hellre preferably
helst most of all
hem-met–; (adv) hem home
hemifrån from home
hemlighet-en-er secret,
  secrecy
hemma at home
henne her
hennes her/hers
herr Mr
heta (heter, hette, hetat) to
  be called
hinna (4) to have time, to
  manage
historia, historien,
  historier history, story
hit here (motion)
hitta (1) to find
hjälpa (2) to help
hjärta-t-n heart
hjärtlig sincere
Holland Holland
holländare-n– Dutchman
holländsk Dutch
holländska-n Dutch
  language
holländska-n-or
  Dutchwoman
hon she
honom him
hopp-et hope
hoppas (1) to hope
hos at, with, at the house of
hotell-et– hotel
hugga (4) to chop
hund-en-ar dog

hundra hundred
hundrade hundredth
hur how
hur dags at what time
hus-et– house
huvud-et– head
huvudstad-en, -städer
   capital city
hålla (4 håller, höll, hållit)
   to hold
hålla på att (4) to be in the
   process of
hålla på med (4) to be
   working on
hård hard
hälsa (1) to greet
hälsa på (1) visit
hälsning-en-ar greeting
hända (2) to happen
hänga ihop (2) to go
   together
här here (location)
härifrån from here
härleda (2) to derive
hög high
höger right (not 'left')
höja (2) to raise
höra (2) to hear
hörn-et– corner
höst-en-ar autumn

i in (*prep* place), to (clock
   time), for (*prep* time)
i alla fall in any case
i eftermiddag this
   afternoon (present, future)
i eftermiddags this
   afternoon (past)
i fjol last year
i förrgår the day before
   yesterday
i kväll this evening

i morse this morning
i natt last night, tonight
i sig in itself
i stället för instead of
i år this year
i övermorgon the day after
   tomorrow
ibland sometimes
icke not
idag today
idé-en-er idea
ifall in case, if
igår yesterday
illa bad, badly
imorgon tomorrow
imorgon bitti tomorrow
   morning
in in (*adv*)
in i into
inbjuda (4) invite
influensa-n-or influenza
ingen (inget, inga) none, no
   one, nothing
ingenstans nowhere
ingenting nothing
inifrån from inside
inkassera (1) to cash
inklusive including
innan before (*conj*)
innan dess before then
inne inside, indoors
institution-en-er university
   department
inte not
inte alls not at all
inte så... som not as... as
intelligent intelligent
intressant interesting
intresserad av interested
   in
Island Iceland
isländsk Icelandic

isländska-n Icelandic
language
isländska-n-or Icelandic
woman
islänning-en-ar Icelander
Italien Italy
italienare-n– Italian
italiensk Italian
italienska-n Italian language
italienska-n-or Italian
woman
iver-n eagerness

ja yes
jag I
januari January
jaså I see, oh really
javisst yes of course
jo yes
jobba (1) to work
jord-en earth
journalist-en-er journalist
ju after all, of course
ju... desto the (more)... the
(more)
jul-en-ar Christmas
juli July
juni June
just precisely, just
just det att the very fact that
jämföra (2) to compare
jättebra really good

kafé-t-er café
kaffe-t coffee
kall cold
kalla (1) to call
kallna (1) to grow cold
kamrat-en-er friend
kanske perhaps
karl-en-ar man, fellow
kassa-n-or cash desk

kassett-en-er cassette
kassör-en-er cashier
kasta (1) to throw
katolik-en-er Catholic
katt-en-er cat
kille-n-ar bloke, boyfriend
kilo-t– kilo
kilometer-n– kilometre
kiosken-en-er news-stand,
kiosk
kjol-en-ar skirt
klaga (1) to complain
klagoröst-en-er voice of
complaint
klocka-n-or clock, watch
klockan o'clock
klok clever
klä sig (3) to get dressed
kläder (*pl*) clothes
klänning-en-ar dress, frock
knapp scarce
kolla (1) to check
(colloquial)
komma (4 **kommer, kom,
kommit**) to come
komma ihåg to remember
komma in (4) to enter
kompis-en-ar friend, mate
(colloq)
konserv-en-ar tinned or
bottled food
konst-en-er art
kontor-et– office
kontrollera (1) to check
kopp-en-ar cup
korridor-en-er corridor
kort short
korv-en-ar sausage, hot dog
kosta (1) to cost
kostym-en-er lounge suit
kraftig powerful
krake-n-ar wretch

kram-en-ar hug
krans-en-ar wreath
krig-et– war
Kristus Christ
krona-n-or crown
kräkas (2) to vomit
kung-en-ar king
kungarike-t-n kingdom
kunglig royal
kunna (kan, kunde,
  kunnat) to be able
kurage-t courage
kusin-en-er cousin
kvalitet-en-er quality
kvart-en-er quarter
kvinna-n-or woman
kväll-en-ar evening
kyla (2) to chill
kyssa (2) kiss
känna (2) to know (people)
känna igen (2) to recognise
känna sig (2) to feel
kär dear
Kära Dear
kärlek-en-ar love
kö-en-er queue
köa (1) to queue
kök-et– kitchen
köpa (2) to buy
köra (2) to drive
körkort-et– driving licence
kött-et meat

laga (1) to prepare, fix, mend
land-et, länder country
landskap-et– province
lat lazy
le (4 ler, log, lett) to smile
ledig free, not busy
ledsen sad
leende-t-n smile
lejon-et– lion

leka (2) to play (as children
  play)
lekkamrat-en-er playmate
lektion-en-er lesson
leva (2) to live
ligga (4 ligger, låg, legat) to
  lie, be situated
lika... som as... as
lite(t) a little, some,
  somewhat
liten little, small
liter-n– litre
liv-et– life
livrädd terrified
livsglädje-n joy in life
ljuga (4) to lie, tell lies
ljus light
ljus-et– light
ljusna (1) to grow light
lunch-en-ar lunch
lova (1) to promise
lyckad successful
lyckas (1) to succeed
lycklig fortunate, happy
lyckligtvis fortunately
lyfta (2) to lift
lyssna på (1) to listen to
låg low
låna (1) to lend; to borrow
lång long, tall, far
långsam slow
låsa (2) to lock
låta (4 låter, lät, låtit) to
  sound; to let; to have
  something done
låtsas (1) to pretend
lägenhet-en-er flat,
  apartment
lägga (4 lägger, lade, lagt)
  to lay, put
lägga sig (4) to lie down, go
  to bed

lämna (1) to hand (to); to leave
länge long, a long time
länge sedan ages ago
längta till (1) to long to go to
lära (2) to teach
lära sig (2) to learn
lärare-n– teacher
läsa (2) to read
lätt easy, light
lättnad-en relief
lättöl-et light (low alcohol) beer
lördag Saturday

maj May
mamma-n-or Mum
man one (you, they, people, *etc.*)
man-nen, män man, husband
mars March
marschera (1) to march
massa-n-or lot, mass, crowd
mat-en– food
matsedel-n, -sedlar menu
med with
medan while (*conj*)
mellan between
men but
mena (1) to hold an opinion, think
mer more (amount)
mest most (amount)
middag-en-ar dinner
mig me
mild mild
miljard-en-er thousand million
miljon-en-er million
miljonte millionth

min (mitt, mina) my/mine
mindre smaller, less
minut-en-er minute
missunna (1) to grudge
mjölk-en milk
mor (modern, mödrar) mother
morbror, -brodern, -bröder uncle (maternal)
morfar, -fadern, -fäder grandfather (maternal)
morgon-en, morgnar morning
mormor, -modern, -mödrar grandmother (maternal)
moster-n, mostrar aunt (maternal)
mot towards
motexempel, -exemplet, – counter-example
motion-en exercise
motiv-et– motive
motocross-en motocross
motorcykel-n-ar motor bike
mun-nen-nar mouth
museum, museet, museer museum
musik-en music
mycket much, very
måla (1) to paint
månad-en-ar month
måndag-en-ar Monday
måne-n, månar moon
många many
måste (*imp* måste) must, have to
människa-n-or person
märka (2) to notice
möbel-n, möbler (piece of) furniture
möjlig possible
möjligen possibly

mönstra (1) to scrutinize
mörk dark
mörker, mörkret darkness
mörkna (1) to grow dark
mössa-n-or cap
möta (2) to meet

nation-en-er nation
natt-en, nätter night
naturlig natural
naturligtvis naturally, of
  course
nedslå (4 **slår, slog, slagit**)
  to put down, suppress
nej no
neka (1) to deny
ner (**ned**) down (motion)
nere down (location)
nerifrån from below
nervös nervous
ni you (*sing form, pl*)
nia-n-or a 'nine'
nicka (1) to nod
nio nine
nionde ninth
nittio ninety
nittionde ninetieth
nitton nineteen
nittonde nineteenth
njuta (4) to enjoy
nog enough; probably; I
  imagine
noll zero
nolla-n-or a 'zero'
nord- northern
Norge Norway
norr north
norra northern
norrifrån from the north
norrman-nen, -män
  Norwegian
norrut northwards

norsk Norwegian
norska-n Norwegian
  language
norska-n-or Norwegian
  woman
november November
nu now
nuförtiden nowadays
nummer, numret, – number
nuvarande present
ny new
nyckel-n, nycklar key
nyheter news
nykter sober
någon (**något, några**) some,
  any, someone, anyone,
  something, anything
någonsin ever
någonstans somewhere
någonting something
när when
när allt kommer omkring
  when all is said and done
nästa next
nästan almost

observera (1) to observe, to
  note
och and
också also
ofta often
oktober October
olidlig insufferable
olik different
om about, around, in (*prep*);
  if (*conj*)
omkring about, around
ond bad, evil
onsdag Wednesday
operation-en-er operation
operera (1) to operate
ordförande-n– chairman

orka (1) to manage, have the strength
oroa (1) to disturb
oss us
ost-en-ar cheese
otrevlig unpleasant
otrolig unbelievable
ovanlig unusual

pappa-n-or dad
papper-et– paper
par-et– couple, pair
parkera (1) to park
parkering-en-ar parking
parkeringsplats-en-er car park
passa (1) to suit, fit
passa till (1) to match
peka (1) to point
pengar (*pl*) money
per per
piano-t-n piano
pingst-en-ar Whitsun
plugga (1) to swot
pojke-n-ar boy
pojkvän-nen-ner boyfriend
polcirkel-n, -cirklar Arctic Circle
polis-en-er police(man)
post-en post, post office
potatis-en-ar potato
poäng-en-er point, 'a bonus'
prata (1) to talk, chat
precis exactly
presentera för (1) to introduce to
problem-et– problem
prova (1) to try on
pyjamas-en-ar pyjamas
på on, at, in
påfallande remarkably

påminna (2) to remind
påse-n-ar bag
påsk-en-ar Easter

raka sig (1) to shave
redan already
regna (1) to rain
regnrock-en-ar raincoat
rekommendera (1) to recommend
rektor-en-er headmaster
resa (2) to travel
restaurang-en-er restaurant
revolution-en-er revolution
ridå-n-er curtain (in theatre)
rik rich
rike-t-n realm
ringa (2) to ring, telephone
riva (4) to tear
ro-n peace, calm
rodna (1) to blush
rolig fun, entertaining
Rom Rome
roman-en-er novel
rostig rusty
rum-met– room
runt round
ryka (2) to smoke (*intrans*)
rysk Russian (*adj*)
ryska-n Russian language
ryska-n-or Russian woman
ryss-en-ar Russian (man)
Ryssland Russia
räka-n-or prawn, shrimp
räkna ut (1) to reckon, work out
rätt right, really
rätt-en-er dish, course
röd red
röka (2) to smoke (*trans*)
rökning-en smoking

röra sig (2) to move
rörelse-n-r movement
röst-en-er voice

sak-en-er matter, thing
sakna (1) to miss
sal-en-ar room
samarbeta (1) to cooperate
samma same
samtal-et– conversation
sann true
se (4 **ser, såg, sett**) to see
se... ut (4) to look, appear
sedan then, after, after that
sekund-en-er second
semester-n, semestrar
  holiday
sen late
senast last, most recently,
  latest
september September
servera (1) to serve
servitris-en-er waitress
sex six
sexa-n-or a 'six'
sextio sixty
sextionde sixtieth
sexton sixteen
sextonde sixteenth
sig him/her/itself,
  themselves
simma (1) swim
sin (**sitt, sina**)
  his/her/its/their (own)
sist last
sitta (4 **sitter, satt, suttit**) to
  sit, be sitting
sitta av to sit out (e.g. a
  prison sentence)
sju seven
sjua-n-or a 'seven'
sjuk ill

sjukdom-en-ar illness
sjunde seventh
sjunga (4) to sing
sjunka (4) to sink
sjuttio seventy
sjuttionde seventieth
sjutton seventeen
sjuttonde seventeenth
själv self (myself, yourself,
  etc.)
sjätte sixth
skada (1) to injure, damage
skala (1) to peel
ske (3) to happen
skicka (1) to send
skida-n-or ski
skina (4) to shine
skjorta-n-or shirt
sko-n-r shoe
skog-en-ar wood, forest
skogsbryn-et– edge of the
  forest
skola (**ska, skulle, skolat**)
  shall, will
skola-n-or school
Skottland Scotland
skratta (1) to laugh
skriftlig written
skriva (4) to write
skrivblock-et– writing pad
skruta (4) to boast
skyldig guilty, owing
skylla på (2) to make an
  excuse that, blame
skynda sig (1) to hurry
skön nice
slags (**ett**) sort of, kind of
slott-et– castle, palace
slut finished
sluta (1) to finish, end
slå (4 **slår, slog, slagit**) to
  hit, strike

slå ihjäl (4) to kill
slå sönder (4) to smash, break
släcka (2) to extinguish
släkting-en-ar relation
slö sluggish, listless
smita (4) to sneak, skive, clear off
smutsig dirty
Småland Småland (Swedish province)
snabb quick
snabbt quickly
snarare rather
snart soon
snobbig snobbish
snål mean, miserly
snäll kind
snöa (1) to snow
socialist-en-er socialist
sol-en-ar sun
soldat-en-er soldier
som who, whom, which; like
somlig some
sommar-en, somrar summer
sommarlov-et– summer holidays
son-en, söner son
soppa-n-or soup
sovrum-met bedroom
Spanien Spain
spanjor-en-er Spaniard
spanjorska-n-or Spanish woman
spansk Spanish
spanska-n Spanish language
spara (1) to save
sparka (1) to kick
sprida (4) to spread

springa (4) to run
sprit-en spirits
språk-et– language
språkkurs-en-er language course
spännande exciting
stackars poor, unfortunate (people or animals)
stad-en, städer town
stadig steady, stable
stanna (1) to stop, stay
stat-en-er state
station-en-er station
statsminister-n, -ministrar prime minister
stega (1) to stride
stiga av (4) to get off
stiga fram (4) to step forward
stilig stylish, elegant
stjäla (4 **stjäl, stal, stulit**) to steal
stjärna-n-or star
Stockholm Stockholm (Swedish capital)
stockholmare-n– Stockholmer
stol-en-ar chair
stolt proud
stoppa (1) to stop
stor big
storlek-en-ar size
strand-en, stränder shore
strejk-en-er strike
strumpa-n-or stocking
strumpbyxor (*pl*) tights
stryka under (4) to underline
student-en-er student
studera to study
studerande-n– student

stund-en-er short time, while
styck (a)piece, each
stycke-t-n 'one', 'individual'
stå (4 **står, stod, stått**) to stand, be standing
ställa (2) to put, stand
ställning-en-ar position
stänga (2) to close
stänga av (2) switch off
störa (2) to disturb
suga (4) to suck
summa-n-or total, sum
supa (4) drink (alcohol)
sur surly
svaghet-en-er weakness
svart black
svartna (1) to go black
svensk Swedish
svensk-en-ar Swede
svenska-n Swedish language
svenska-n-or Swedish woman
Sverige Sweden
svår difficult
svälta (4) to starve
sy (3) to sew
syd- southern
synas (2) to appear
synd shame, pity
synnerhet (**i synnerhet**) particularly
system-et– system
syster-n, systrar sister
så so, what a...!
så att so that
så här like this
så snart (**som**) as soon as
sådan such
såra (1) to wound

säga (4 **säger, sa, sagt**) to say
säker sure
säkert surely, certainly
sälja (4 **säljer, sålde, sålt**) to sell
sällan seldom
sämre worse
sämst worst
säng-en-ar bed
särskild special
särskilt specially
sätt-et– way, manner
sätta (4 **sätter, satte, satt**) to set, place, put
sätta igång (4) to start, get going
sätta på (4) to switch on
sätta sig (4) to sit down
söder south
söderifrån from the south
söderut southwards
södra southern
söka (2) to look for
sömnighet-en sleepiness
söndag-en-ar Sunday
sönder broken

ta (4 **tar, tog, tagit**) to take
ta av (4) take off
ta till orda (4) to start speaking
tack thanks
tack så mycket thank you very much
tala (1) to speak, talk
tandläkare-n– dentist
teater-n, teatrar theatre
telefon-en-er telephone
telefonnummer, -numret– telephone number
telefonsamtal-et– telephone conversation

terrass-en-er terrace
testamente-t-n testament
teve-n-ar TV
tia-n-or a 'ten'
tid-en-er time
tidig early
tidning-en-ar newspaper
tiga (4) to be silent
till to; in addition, more
till salu for sale
till slut finally
tills until
tilsammans together
timme-n-ar hour
tio ten
tionde tenth
tisdag Tuesday
titta (1) to look
tjock fat, thick
tjugo twenty
tjugoförsta (etc.) twenty-
   first (etc.)
tjungonde twentieth
tjäna (1) to earn
toalett-en-er toilet
tolerera to tolerate
tolfte twelfth
tolv twelve
tolva-n-or a 'twelve'
tom empty
torg-et– square
torr dry
torsdag-en-ar Thursday
trafik-en traffic
trappa-n-or staircase
tre three
trea-n-or a 'three'
tredje third
trettio thirty
trettionde thirtieth
tretton thirteen
trettonde thirteenth

trevlig pleasant, nice
trivas (2) to feel at home,
   like it
tro (3) to believe, think
trolig probable
troligen probably
tråkig boring
trång narrow, constricted
tråd-et– tree
trädgård-n-r garden
träffa (1) to meet
träningssko-n-r trainer
tröja-n-or sweater
trött tired
tröttsam tiring, boring
tung heavy
tunn thin
turist-en-er tourist
tusen thousand
tusende thousandth
tvinga (1) to force, compel
tvungen forced
två two
tvåa-n-or a 'two'
tvärtom the reverse
tvätta sig (1) to wash
tycka (2) to think
tycka om (2) to like
tyckas (2) to seem
typisk typical
tysk German
tysk-en-ar German
tyska-n German
   language
tyska-n-or German woman
Tyskland Germany
tystnad-en silence
tyvärr unfortunately
tåg-et– train
tända (2) to light
tänka (2) to think, intend

umgås (4) to go round with, be friendly with
under during, under
underhålla (4) to entertain, amuse
undra (1) to wonder
undvika (4) to avoid
ung young
ungefär approximately
upp up (motion)
uppe up (location)
uppfinna (4) to invent
uppfinning-en-ar invention
uppgift-en-er task
uppifrån from above
upplivande refreshing
uppsats-en-er essay
uppskatta (1) to appreciate
uppskrämd frightened
uppstå (4) to arise
upptagen busy
urdålig really bad
ut out (motion)
utan without (*prep*); but (*conj*)
utanför outside
utbryta (4) to break out
ute out (location)
utifrån from outside
utläsa (2) to work out, interpret
utmärkt excellent(ly)
utom but, except
utsliten worn out

vacker beautiful, pretty
vad what
vad... för... what sort of...
vad som helst whatever, anything at all
vakna (1) to wake (*intrans*)
valpig puppy-like
vandra (1) to wander, hike

vansinnig crazy
vansköta (2) to neglect, mismanage
vantrivsel-n unhappiness
var where
var så god och please
var snäll och please
vara (är, var, varit) to be
vara-n-or wear, commodity
varandra each other
vardag-en-ar weekdays, everyday life
vardaglig everyday
vardagsrum-met–living room
varför why
varg-en-ar wolf
varifrån where... from
varje each, every
varken... eller neither... nor
varm hot
vars whose
vart where to, whither
varuhus-et– department store
vatten, vattnet, – water
vecka-n-or week
veckodag-en-ar day of the week
vederbörande person concerned
vegetarian-en-er vegetarian
vem who
vem som helst whoever, anyone at all
verka (1) to seem, give the impression
veta (vet, visste, vetat) to know (facts)
vi we
vi ses see you soon

vid at
vidare further
vilja (vill, ville, velat) to want to
vilkas whose (*pl*)
vilken which
vilken som helst who/whatever, anyone/thing
vin-et-er wine
vindjacka-n-or anorak
vinna (4) to win
vinter-n, vintrar winter
visa (1) to show
visst certainly
vit white
vittne-t-n witness
vore 'were'
vår (vårt, våra) our/ours
vår-en-ar spring
våt wet
väcka (2) to wake (*trans*)
väder, vädret weather
väg-en-ar road
vägg-en-ar wall
vägra (1) to refuse
väl surely, I suppose
välja (väljer, valde, valt) to choose
välkänd well-known
välsigna (1) to bless
vän-nen-ner friend
vänlig friendly, kind
vänster left (not 'right')
vänta (1) to wait
värld-en-ar world
värre worse
värst worst
väst- western
väster west
västerifrån from the west
västerut westwards
västra western

växa (2) to grow

yngre younger

å-n-ar river
åka (2) to go, travel
åkalla (1) to invoke
ålder-n, åldrar age
åldras (1) to age
år-et– year
åt for (*prep* e.g. **köpa åt**)
åtta weight
åtta-n-or an 'eight'
åttio eighty
åttionde eightieth
åttonde eighth

ägare-n– owner
äldre older
äldst oldest
älg-en-ar elk
älska (1) to love
än yet; than
äpple-t-n apple
äta (4 äter, åt, ätit) to eat
även even

ögonbryn-et– eyebrow
öken, öknen, öknar desert
öl-et– beer
önska (1) to want, wish
öppna (1) to open
öst- eastern
öster east
österifrån from the east
österut eastwards
östra eastern
över of, about, over, past
överallt everywhere
överraska (1) to surprise
överrock-en-ar overcoat
övning-en-ar exercise

Index

Numbers refer to section headings, not pages.